Descubra Juegos Gratis Online

Disponibles Aquí:

BestActivityBooks.com/FREEGAMES

5 CONSEJOS PARA EMPEZAR

1) CÓMO RESOLVER LAS SOPA DE LETRAS

Los rompecabezas tienen un formato clásico:

- Las palabras se ocultan sin espacios ni guiones,...
- Orientación: Las palabras pueden escribirse hacia delante, hacia atrás, hacia arriba, hacia abajo o en diagonal (pueden estar invertidas).
- Las palabras pueden superponerse o cruzarse.

2) APRENDIZAJE ACTIVO

Junto a cada palabra hay un espacio para anotar la traducción. Para fomentar un aprendizaje activo, un **DICCIONARIO** al final de esta edición te permitirá comprobar y ampliar tus conocimientos. Busca y anota las traducciones, encuéntralas en el puzzle y añádelas a tu vocabulario!

3) MARCAR LAS PALABRAS

Puedes inventar tu propio sistema de marcado. ¿Quizás ya usas uno? También puedes, por ejemplo, marcar las palabras difíciles de encontrar con una cruz, las que te gustan con una estrella, las nuevas con un triángulo, las raras con un diamante, etc.

4) ESTRUCTURAR EL APRENDIZAJE

Esta edición ofrece un **CUADERNO DE NOTAS** muy práctico al final del libro. En vacaciones, de viaje o en casa, podrás organizar fácilmente tus nuevos conocimientos sin necesidad de un segundo cuaderno!

5) ¿HABÉIS TERMINADO TODAS LAS PARRILLAS?

En las últimas páginas de este libro, en la sección **DESAFÍO FINAL**, encontrarás un juego gratis!

¡Rápido y sencillo! Echa un vistazo a nuestra colección de libros de actividades para tu próximo momento de diversión y aprendizaje, ¡a sólo un clic de distancia!

Encuentre su próximo reto en:

BestActivityBooks.com/MiProximoLibro

En sus marcas, listos, ¡Ya!

¿Sabías que hay unas 7.000 lenguas diferentes en el mundo? Las palabras son preciosas.

Nos encantan los idiomas y hemos trabajado duro para crear libros de la más alta calidad para tí. ¿Nuestros ingredientes?

Una selección de temas adecuados para el aprendizaje, tres buenas porciones de entretenimiento, y luego añadimos una cucharada de palabras difíciles y una pizca de palabras raras. Los servimos con cariño y máxima diversión para que puedas resolver los mejores juegos de palabras y te diviertas aprendiendo!

Tu opinión es esencial. Puedes participar activamente en el éxito de este libro dejándonos un comentario. Nos encantaría saber qué es lo que más le ha gustado de esta edición.

Aquí hay un enlace rápido a tu página de pedidos:

BestBooksActivity.com/Opiniones50

Gracias por tu ayuda y diviértete!

Todo el equipo

1 - Ajedrez

```
C  P  C  T  R  Ắ  N  G  B  M  V  Q  T  O
O  V  O  U  H  Y  S  I  N  H  U  U  H  B
P  P  P  U  Ộ  Ờ  M  A  D  H  M  Á  Ụ  Q
D  I  D  D  N  C  I  N  I  T  G  N  Đ  C
D  A  Y  V  Ữ  D  T  G  T  T  Đ  Q  Ộ  P
T  R  Ò  C  H  Ơ  I  H  I  B  Ư  U  N  N
H  Q  T  P  O  A  T  C  I  A  Ờ  Â  G  G
Ô  Q  V  Q  À  N  A  G  T  U  N  N  I  Ư
N  P  U  U  N  L  K  R  Q  U  G  R  Ả  Ờ
G  V  Q  Y  G  R  A  D  Y  Q  C  G  I  I
M  Đ  Ố  I  T  H  Ử  T  R  G  H  Y  Đ  C
I  H  H  G  O  Ắ  Q  M  I  T  É  G  Ấ  H
N  C  Đ  I  Ể  M  C  V  U  A  O  M  U  Ơ
H  C  H  I  Ế  N  L  Ư  Ợ  C  Đ  E  N  I
```

TRẮNG	ĐỐI THỦ
QUÁN QUÂN	THỤ ĐỘNG
CUỘC THI	ĐIỂM
ĐƯỜNG CHÉO	QUY TẮC
CHIẾN LƯỢC	NỮ HOÀNG
THÔNG MINH	VUA
TRÒ CHƠI	HY SINH
NGƯỜI CHƠI	THỜI GIAN
ĐEN	GIẢI ĐẤU

2 - Agua

```
U  C  K  I  Y  P  T  U  Y  Ế  T  H  Ồ  K
O  Ố  T  Đ  Ộ  Ẩ  M  H  P  L  C  T  V  Ê
C  T  N  T  A  H  Ư  C  Ủ  V  L  U  P  N
H  C  M  G  A  M  A  T  P  Y  Õ  O  Y  H
C  T  Ơ  P  L  K  V  C  P  L  L  H  Đ  G
O  V  K  N  C  B  Ò  T  G  N  Ụ  Ợ  Ạ  Y
R  V  P  C  B  I  I  O  G  I  T  S  I  G
T  V  U  D  A  Ã  H  N  I  H  Y  Ư  D  R
T  G  Y  D  Y  P  O  S  Ó  N  G  Ơ  Ư  G
N  H  H  U  H  Q  A  Ô  M  R  E  N  Ơ  D
L  B  O  Q  Ơ  Q  S  N  Ù  L  Y  G  N  M
R  A  I  U  I  H  E  G  A  O  S  G  G  B
N  Ư  Ớ  C  Đ  Á  N  O  I  K  E  I  P  U
H  Ơ  I  N  Ư  Ớ  C  U  P  U  R  Á  P  M
```

KÊNH	MƯA
VÒI HOA SEN	GIÓ MÙA
BAY HƠI	TUYẾT
GEYSER	ĐẠI DƯƠNG
SƯƠNG GIÁ	SÓNG
NƯỚC ĐÁ	UỐNG
ĐỘ ẨM	THỦY LỢI
CƠN BÃO	SÔNG
LŨ LỤT	HƠI NƯỚC
HỒ	

3 - Granja #2

```
L V Q A R O N K Đ Y L M Y L
Ú Ú I T H O G M Ồ A U T Q N
A C A N R A U C N Ở C T V G Ô
M Ố G M N Á R K G A I H Q N
Ì I D Á Ạ M I U C T Ổ O N G
C X A Y A C T C Ở P D O G D
Ừ A T K L G H B Â K D D Ô Â
U Y R É Q A Ứ C H Y I L K N
G G I O Y C C T H Ủ Y L Ợ I
B I T H Ẻ G Ă Đ Ộ N G V Ậ T
P Ó O C N R N G Ỗ N G H C P
A Q D S H V Ự A C G T N L Y
Y D I Ữ R Í Q K H T H U O A
M M P A U H N V Ị T A G U H
```

NÔNG DÂN	CHÍN
ĐỘNG VẬT	NGÔ
LÚA MẠCH	CỐI XAY GIÓ
TỔ ONG	CỪU
THỨC ĂN	VỊT
TRÁI CÂY	ĐỒNG CỎ
NGỖNG	THỦY LỢI
VỰA	MÁY KÉO
THẺ	LÚA MÌ
SỮA	RAU

4 - Mueble

```
T  Y  U  B  A  I  L  Q  K  M  U  U  L  A
U  M  U  C  D  R  V  N  N  Đ  G  H  L  C
Y  C  N  O  Y  T  M  G  H  Ệ  Y  N  D  N
B  Ă  N  G  G  H  Ế  O  P  M  M  C  C  A
À  G  V  I  Ư  Ả  M  O  I  A  U  H  Q  V
N  Y  T  Ư  Ơ  M  Đ  È  N  R  G  Ă  T  Q
Y  R  N  Ờ  N  T  C  O  G  G  E  N  G  A
T  V  Õ  N  G  I  P  Á  Đ  V  O  U  H  V
K  H  R  G  H  K  C  R  I  K  K  Q  Ế  P
N  N  O  C  Ế  C  R  È  V  G  O  P  B  D
G  T  U  Q  L  K  O  M  Ă  V  Ố  H  À  H
O  N  K  I  D  Ệ  H  C  N  M  T  I  N  Y
D  D  P  K  R  R  M  Ử  G  Y  P  T  H  Y
K  D  M  H  A  A  I  A  O  K  M  C  P  G
```

THẢM   BÀN
CÁI GỐI   GƯƠNG
ARMOIRE   KỆ
BĂNG GHẾ   VÕNG
GIƯỜNG   ĐÈN
ĐỆM   GHẾ
NỆM   GHẾ BÀNH
RÈM CỬA   ĐI VĂNG
CHĂN

5 - Pesca

```
Q H U N C B T P N U Y K U Q
P Y I Ư Á Ã C Â N N Ặ N G B
B D V Ớ I I Đ Ạ I D Ư Ơ N G
H Ồ P C R B T K V Y U G L K
U U G H Ổ I R H M A N G M G
N O L K Ó Ể G D I K B I B R
Y L V Â Y N L H R Ế M Ồ I S
T D Â Y I A G R O T T C U Ô
T H U Y Ề N R Đ D Y V B C N
L M K T C N Ấ U Ạ D D C Ị G
K I Ê N N H Ã N Q I I H Y G
P O P U V U Q K N R D U À Q
M Ù A N O D O O I P M Ó C M
Y R A R P A M Y G O N Q Y T
```

NƯỚC
VÂY
THUYỀN
MANG
DÂY
MỒI
CÁI RỔ
NẤU
THIẾT BỊ
PHÓNG ĐẠI

MÓC
HỒ
HÀM
ĐẠI DƯƠNG
KIÊN NHẪN
CÂN NẶNG
BÃI BIỂN
SÔNG
MÙA

6 - Aviones

```
B  Đ  L  K  H  Ô  N  G  K  H  Í  U  G  U
Ầ  Ổ  Ị  O  À  P  H  P  D  C  T  L  O  B
U  B  C  Y  N  H  I  D  H  H  Y  D  R  O
T  Ộ  H  Q  H  I  Ễ  X  Ạ  I  B  Ó  N  G
R  K  S  R  K  H  U  Â  X  Ề  C  G  P  B
Ờ  V  Ử  K  H  À  L  Y  U  U  T  Ô  U  R
I  M  K  O  Á  N  O  D  Ố  C  H  Đ  N  D
T  Y  H  T  C  H  Ạ  Ự  N  A  Ờ  Ộ  V  G
N  Y  D  C  H  Đ  N  N  G  O  I  N  U  G
H  Ư  Ớ  N  G  O  Ộ  G  T  L  T  G  G  Q
O  H  U  I  P  À  C  C  I  H  I  C  R  H
N  R  B  V  G  N  N  B  A  K  Ế  Ơ  C  L
N  H  I  Ê  N  L  I  Ễ  U  O  T  G  L  Y
C  Á  N  H  Q  U  Ạ  T  H  I  Ế  T  K  Ế
```

KHÔNG KHÍ	THIẾT KẾ
ĐỘ CAO	BÓNG
CHIỀU CAO	CÁNH QUẠT
ĐỔ BỘ	HYDRO
BẦU TRỜI	LỊCH SỬ
THỜI TIẾT	ĐỘNG CƠ
NHIÊN LIỆU	HÀNH KHÁCH
XÂY DỰNG	PHI CÔNG
HẠ XUỐNG	PHI HÀNH ĐOÀN
HƯỚNG	NHIỄU LOẠN

7 - Tipos de Cabello

```
G  S  G  T  I  K  L  U  N  B  U  G  Q  G
G  Á  I  D  C  T  Ó  C  V  À  N  G  B  I
C  N  V  D  D  Q  C  U  L  O  K  L  Ạ  K
H  G  V  C  K  H  Ỏ  E  M  Ạ  N  H  C  P
Ó  B  M  I  H  K  T  D  À  I  Y  D  V  A
I  Ó  X  Ỏ  Ô  V  R  L  U  B  L  P  Đ  H
C  N  N  O  N  G  G  M  X  D  T  H  E  T
U  G  K  C  Ă  G  P  P  Á  B  A  V  N  O
R  U  G  N  Y  N  Q  O  M  R  Ễ  D  À  Y
L  A  B  G  M  A  K  A  À  A  I  N  H  M
S  O  G  Ắ  V  L  V  P  U  I  M  Ề  M  G
M  À  U  N  I  N  A  N  N  D  P  C  H  A
O  P  D  G  K  P  I  D  Â  S  B  A  G  K
Y  R  A  Q  L  Q  D  R  U  T  R  Ắ  N  G
```

TRẮNG	ĐEN
SÁNG BÓNG	BẠC
HÓI	XOĂN
MÀU	CURLS
NGẮN	TÓC VÀNG
MỎNG	KHỎE MẠNH
MÀU XÁM	KHÔ
DÀY	MỀM
DÀI	BỆN
MÀU NÂU	BRAIDS

8 - Herramientas de Cocina

```
L  M  L  D  B  H  C  L  K  K  H  C  B  T
L  V  N  C  A  Q  Á  N  K  É  L  U  B  Ủ
Ọ  V  Y  Y  Ấ  O  I  T  H  O  Y  R  A  L
C  L  P  C  T  M  T  O  I  I  O  Q  Q  Ạ
C  Á  I  N  Ĩ  A  H  A  L  N  Ệ  M  P  N
P  G  R  Q  I  P  Ì  S  P  R  R  T  T  H
V  T  Q  H  C  L  A  T  B  O  O  H  K  B
B  Q  A  H  N  Ắ  P  E  N  M  R  Ì  V  Ế
G  B  L  L  K  T  L  R  L  A  M  A  C  P
L  K  H  Ò  H  Q  R  U  G  N  N  I  D  M
G  V  O  V  P  H  N  G  V  O  C  L  B  B
V  K  K  C  G  Y  M  O  V  O  L  H  R  K
D  A  O  K  É  O  Y  B  À  N  M  À  I  N
G  T  I  R  I  Y  O  H  D  D  T  H  H  R
```

ẤM	BÀN MÀI
LỌC	TỦ LẠNH
DAO KÉO	NẮP
CÁI THÌA	CÁI NĨA
DAO	NHIỆT KẾ
THÌA	KÉO
BẾP	TOASTER
LÒ	

9 - Ciencia Ficción

```
T  Ư  Ơ  N  G  L  A  I  C  L  Ử  A  O  U
T  Ư  Ở  N  G  T  Ư  Ợ  N  G  O  O  R  T
A  N  Q  B  Í  Ẩ  N  O  I  D  T  X  A  T
K  Ị  C  H  B  Ả  N  D  L  G  I  A  C  Q
Y  D  A  T  H  Ự  C  T  Ế  P  Ể  X  L  P
I  Ả  Y  H  U  T  O  P  I  A  U  Ô  E  G
Q  I  O  Ế  N  T  H  À  N  H  T  I  N  H
P  T  U  G  H  G  O  B  M  K  H  Q  T  Q
S  R  K  I  I  T  U  N  T  P  U  M  H  T
Á  H  N  Ớ  T  Á  L  Y  T  A  Y  L  I  B
C  R  L  I  N  P  C  L  Ê  P  Ế  T  Ê  L
H  L  M  A  Ổ  U  R  Ự  L  N  T  R  N  I
C  Ô  N  G  N  G  H  Ệ  C  N  T  C  H  Q
T  U  Y  Ệ  T  V  Ờ  I  U  C  B  Ử  À  B
```

NGUYÊN TỬ
XA XÔI
KỊCH BẢN
NỔ
CỰC
TUYỆT VỜI
LỬA
TƯƠNG LAI
THIÊN HÀ
ẢO GIÁC

TƯỞNG TƯỢNG
SÁCH
BÍ ẨN
THẾ GIỚI
TIỂU THUYẾT
ORACLE
HÀNH TINH
THỰC TẾ
CÔNG NGHỆ
UTOPIA

10 - Juguetes

```
V  T  T  L  Đ  M  Á  Y  B  A  Y  P  V  O
N  G  N  O  M  Ấ  L  L  V  H  I  I  R  T
X  U  R  T  P  L  T  Q  K  A  A  B  H  S
E  R  O  B  O  T  O  S  I  G  D  M  G  Ơ
H  T  R  Ò  C  H  Ơ  I  É  S  Á  C  H  N
Ơ  C  L  V  Â  U  Y  K  Đ  T  M  O  I  C
I  B  U  N  U  Y  Y  P  Ồ  L  D  A  R  Y
X  G  Ú  H  Đ  Ề  G  H  T  T  R  Ố  N  G
E  E  Y  P  Ố  N  T  G  H  X  E  L  Ử  A
Đ  M  T  K  B  Ó  N  G  Ủ  N  H  Y  I  P
Ạ  C  D  Ả  T  Ê  D  A  C  Ờ  V  U  A  G
P  O  O  D  I  Ề  U  H  Ô  I  M  R  M  Y
Q  H  C  G  O  C  U  M  N  H  G  D  K  L
Y  Ê  U  T  H  Í  C  H  G  T  A  Y  I  R
```

CỜ VUA   YÊU THÍCH
ĐẤT SÉT   TRÒ CHƠI
ĐỒ THỦ CÔNG   SÁCH
MÁY BAY   BÚP BÊ
THUYỀN   SƠN
XE ĐẠP   ROBOT
BÓNG   CÂU ĐỐ
XE TẢI   TRỐNG
XE HƠI   XE LỬA
DIỀU

11 - Circo

```
C R Q B M K D D V C Đ C R V
A L Ừ A Ó G Ẹ C H O Ộ P N N
P Ề C H Ỉ N Y O I O N B Y I
A U O Â G B G O L M G D T B
M P N T M Q Y B Y N V T K T
D G V R T N K K A H Ậ N H S
M V O A D K H V É Y T R Ỉ Ư
A C I N T A Á Ạ Đ Ẹ P M Ắ T
T U N G H Ứ N G C O N H Ổ Ử
H M G P R M G A C R O B A T
U Y R H U G I D G H O U B N
Ậ P C Ụ C B Ả D M C K D Y A
T O T C C T Y I Q Y H V V U
Q A V Y H Q T I I I P G O
```

ACROBAT   SƯ TỬ
ĐỘNG VẬT   MA THUẬT
VÉ   TUNG HỨNG
KẸO   KHỈ
LỀU   CHỈ
CON VOI   ÂM NHẠC
ĐẸP MẮT   CON HỔ
KHÁN GIẢ   TRANG PHỤC
BÓNG BAY   LỪA

12 - Granja #1

```
C O N Q U Ạ L N O B D T L Đ
D Ỏ R N Y L C M Ậ T O N G Ấ
C V K P H Â N B Ó N N U O T
N B H H B V A D C Y K R L K
B G À Y Ô R T C P K E Y P N
Ắ K Ự D Ê U R G G I Y R D H
P G C A A B Ư Y Ạ L C U V À
C H Ó I T O Ờ C O N O N G N
H Ạ T G I Ố N G D D N K Y G
Â P T C K T G A H P M O N R
N N R I I O U K V M È P Ư À
N Ô N G N G H I Ệ P O V Ớ O
I I G B K H Y M Y N A D C T
R G L I Ò Y Q G Q G R D U K
```

CON ONG	CON MÈO
NÔNG NGHIỆP	CỎ KHÔ
NƯỚC	MẬT ONG
GẠO	CHÓ
DONKEY	GÀ
NGỰA	HẠT GIỐNG
DÊ	BẮP CHÂN
TRƯỜNG	ĐẤT
CON QUẠ	BÒ
PHÂN BÓN	HÀNG RÀO

13 - Camping

```
Đ  I  R  M  R  X  O  B  Ả  N  Đ  Ồ  M  D
T  Ộ  Ừ  P  T  U  G  O  M  Ú  G  H  V  Â
Q  H  N  A  H  Ồ  O  A  B  I  M  Ũ  I  Y
T  Q  G  G  G  N  K  O  M  C  Đ  M  L  T
B  A  O  A  V  G  A  H  L  B  È  N  L  H
P  M  U  G  M  Ậ  L  A  B  À  N  U  Ề  Ừ
U  D  P  B  H  H  T  A  Y  I  L  L  U  N
H  C  C  A  B  I  N  M  T  U  Ồ  G  Ử  G
T  H  I  Ế  T  B  Ị  C  D  U  N  D  S  A
M  Ặ  T  T  R  Ă  N  G  Â  V  G  M  Ă  K
C  Ô  N  T  R  Ù  N  G  T  Y  N  D  N  Q
M  T  T  H  I  Ê  N  N  H  I  Ê  N  B  P
Y  R  P  V  Õ  N  G  Y  L  B  Y  M  Ắ  K
V  C  L  Y  P  L  D  U  B  K  T  Y  N  T
```

ĐỘNG VẬT	LỬA
CÂY	VÕNG
RỪNG	CÔN TRÙNG
LA BÀN	HỒ
CABIN	ĐÈN LỒNG
XUỒNG	MẶT TRĂNG
LỀU	BẢN ĐỒ
SĂN BẮN	NÚI
DÂY THỪNG	THIÊN NHIÊN
THIẾT BỊ	MŨ

14 - Fruta

```
P  C  C  H  U  Ố  I  M  H  L  Y  C  K  Q
U  A  U  Â  H  T  H  M  O  R  Q  Y  R  U
T  M  B  V  Y  I  T  V  V  T  O  C  O  Ả
R  R  Q  M  P  X  Q  L  Ê  P  T  Y  K  A
N  H  Á  P  D  R  U  M  Â  M  X  Ô  I  N
Q  B  D  I  A  G  Ả  Â  G  O  G  O  A  H
V  L  Ừ  D  B  O  M  D  N  D  D  I  U  Đ
D  Ư  A  A  Q  Ơ  Ọ  I  T  Đ  D  Ứ  A  À
U  L  G  T  N  Q  N  T  Y  U  À  D  P  O
C  K  Q  N  K  U  G  R  D  Đ  À  O  M  N
Y  H  Q  O  Q  Ả  Ổ  I  V  Ử  R  L  T  H
A  R  A  N  D  M  Q  U  Ả  K  I  W  I  O
T  Á  O  N  B  Ơ  T  R  Á  I  X  O  À  I
K  H  D  Q  H  A  N  T  Q  O  Y  O  T  H
```

TRÁI BƠ	TÁO
QUẢ MƠ	ĐÀO
QUẢ MỌNG	DƯA
QUẢ ANH ĐÀO	CAM
DỪA	CÂY XUÂN ĐÀO
MÂM XÔI	ĐU ĐỦ
ỔI	LÊ
QUẢ KIWI	DỨA
CHANH	CHUỐI
TRÁI XOÀI	NHO

15 - Geología

```
K  N  M  U  Ố  I  B  I  S  C  H  P  R  H
H  H  Ă  O  T  H  Ạ  C  H  A  N  H  Q  A
O  Ũ  N  Ú  I  L  Ử  A  G  L  N  R  V  N
Á  Đ  G  V  N  Ớ  Y  P  K  C  D  H  L  G
N  Á  Đ  Ù  H  P  K  Q  H  I  M  G  Ô  Đ
G  G  Á  N  T  Ó  C  B  Q  U  P  L  M  Ộ
S  U  L  G  H  Q  A  H  Y  M  B  L  Đ  N
Ả  T  C  P  Ể  T  O  T  A  X  I  T  Ộ  G
N  X  Ó  I  M  Ò  N  Đ  H  P  R  H  N  G
L  Ụ  C  Đ  Ị  A  G  Á  D  Ạ  D  G  G  V
V  D  R  R  O  T  U  V  L  Q  C  O  Đ  H
K  T  G  H  U  M  Y  G  R  B  N  H  Ấ  N
M  K  A  R  O  L  Ê  M  H  I  Y  B  T  G
H  V  T  G  D  U  N  G  N  H  A  M  P  P
```

AXIT	MĂNG ĐÁ
CALCIUM	HÓA THẠCH
LỚP	DUNG NHAM
HANG ĐỘNG	CAO NGUYÊN
LỤC ĐỊA	KHOÁNG SẢN
SAN HÔ	ĐÁ
TINH THỂ	MUỐI
THẠCH ANH	ĐỘNG ĐẤT
XÓI MÒN	NÚI LỬA
NHŨ ĐÁ	VÙNG

16 - Plantas

```
R  D  K  A  M  G  A  G  T  O  D  Y  Y  H
I  L  P  D  C  R  Ừ  N  G  I  V  Y  P  T
U  X  D  L  Á  Ê  D  U  K  N  P  Q  V  K
V  Ư  Ờ  N  N  U  B  D  N  T  B  M  O  G
R  Ơ  B  P  H  I  Ụ  Q  U  Ả  M  Ọ  N  G
N  N  A  U  H  O  I  F  L  O  R  A  M  V
H  G  H  K  O  Y  C  L  U  H  N  I  Ặ  M
V  R  Ạ  O  A  Q  Â  Y  M  N  M  P  T  V
V  Ồ  T  C  A  V  Y  A  G  B  R  R  T  I
O  N  Đ  T  H  Ự  C  V  Ậ  T  H  B  R  R
Q  G  Ậ  P  H  Â  N  B  Ó  N  R  N  Ờ  K
N  G  U  Ồ  N  G  Ố  C  P  T  R  E  I  O
Y  Q  D  Q  L  M  B  Ỏ  O  M  O  K  K  U
T  H  Ự  C  V  Ậ  T  H  Ọ  C  U  C  Â  Y
```

BỤI CÂY	LÁ
CÂY	HẠT ĐẬU
TRE	IVY
QUẢ MỌNG	CỎ
RỪNG	VƯỜN
THỰC VẬT HỌC	RÊU
XƯƠNG RỒNG	CÁNH HOA
PHÂN BÓN	NGUỒN GỐC
HOA	MẶT TRỜI
FLORA	THỰC VẬT

17 - Suministros de Arte

```
M  M  Ự  C  I  R  I  A  Đ  N  H  P  P  K
À  S  Á  N  G  T  Ạ  O  B  Ấ  C  B  À  N
U  T  Ẩ  Y  D  Ầ  U  U  Ú  D  T  V  K  P
S  B  A  T  Ả  Q  Q  I  T  C  L  S  L  K
Ắ  Q  C  N  K  N  Ư  Ớ  C  D  C  Q  É  C
C  K  R  B  Y  G  H  Ế  H  Q  U  Y  U  T
H  L  Y  A  V  M  B  Y  Ì  M  B  H  I  C
P  K  L  V  O  I  À  P  A  S  T  E  L  S
V  E  I  O  G  A  N  U  D  Q  P  A  Ý  G
Q  O  C  K  T  U  C  U  N  Q  O  S  T  I
O  B  U  C  A  V  H  Q  C  Ư  V  E  Ư  Ấ
L  B  M  A  Y  B  Ả  S  G  P  Ớ  L  Ở  Y
B  P  P  P  L  L  I  Ơ  N  A  Q  C  N  L
H  T  B  H  R  M  V  N  Q  D  D  V  G  A
```

DẦU	SÁNG TẠO
ACRYLIC	Ý TƯỞNG
MÀU NƯỚC	BÚT CHÌ
NƯỚC	BÀN
ĐẤT SÉT	GIẤY
TẨY	PASTELS
EASEL	KEO
MÁY ẢNH	SƠN
BÀN CHẢI	GHẾ
MÀU SẮC	MỰC

18 - Jardín

```
A P D G T T H I C R N U Q U
L O N H N C O Q O I T K H I
C A Q B V Ư Ờ N P Y K Y K M
Ỏ À L Ụ M Õ H I Ê N A O Q M
A I O I X Ẻ N G T Ấ M B Ạ T
N S O C H O A G A R A D H H
U Â U Â R R N T B K H R A Ẻ
A N C Y T V W O Ă V L C K G
H T Đ Ấ T O E O N C I P H P
K H Á C L A E V G H L T Q K
H Ư R D Â B D Ò G R K K L U
M Ợ G M G Y S I H N D P U K
Q N I K T Y M T Ế L K D H D
L G H À N G R À O Q L V V G
```

BỤI CÂY	WEEDS
CÂY	VÒI
BĂNG GHẾ	XẺNG
AO	HIÊN
HOA	CÀO
GA-RA	ĐÁ
VÕNG	ĐẤT
CỎ	SÂN THƯỢNG
THẺ	TẤM BẠT
VƯỜN	HÀNG RÀO

19 - Países #2

```
S A D E B M A N H Ậ T B Ả N
J Y K T A U E Y D U B T L G
A I R H U M K X V P Ồ A P A
M N P I Đ M T R I Q Đ I H I
A D A O A L À O A C À R Á T
I O K P N L G D N I O E P P
C N I I M H Y L Ạ P N L I U
A E S A Ạ H Q Q C H H A H G
S S T Y C H K A L B A N I A
U I A N H O B A Y G G D Q N
D A N G Y O D L I N Y P P D
A Q T U Y L V I E T N A M A
N V M P D U A V U R U M L G
I N K P I G U G A L M K Á O
```

ALBANIA   NHẬT BẢN
VIETNAM   LÀO
ÁO   MEXICO
ĐAN MẠCH   PAKISTAN
ETHIOPIA   BỒ ĐÀO NHA
PHÁP   NGA
HY LẠP   SYRIA
INDONESIA   SUDAN
IRELAND   UKRAINA
JAMAICA   UGANDA

20 - Tecnología

```
M  A  K  Ỹ  T  H  U  Ậ  T  S  Ố  M  N  B
C  À  B  P  H  H  C  O  Y  V  I  Á  G  L
I  N  N  H  Ô  T  Ố  O  H  B  Q  Y  H  O
P  G  Ộ  Ầ  N  Ậ  M  N  N  V  M  Ả  I  G
Ả  O  I  N  G  P  Á  L  G  T  N  N  Ê  V
Q  N  N  M  Đ  T  Y  N  U  K  R  H  N  I
N  Y  T  Ề  I  I  T  G  U  M  Ê  Ở  C  R
D  U  E  M  Ẽ  N  Í  Y  C  H  Ữ  I  Ứ  Ú
H  D  R  C  P  A  N  N  I  N  H  N  U  T
N  L  N  P  T  P  H  N  D  Ữ  L  I  Ệ  U
U  N  E  T  R  Ì  N  H  D  U  Y  Ệ  T  M
O  P  T  G  M  I  A  K  P  G  O  Y  C  T
D  P  R  G  L  P  G  V  B  N  V  H  R  L
A  H  T  Q  V  M  A  P  M  M  H  M  D  I
```

TẬP TIN   NGHIÊN CỨU
BLOG   THÔNG ĐIỆP
NỘI   TRÌNH DUYỆT
MÁY ẢNH   MÁY TÍNH
CON TRỎ   MÀN
DỮ LIỆU   AN NINH
KỸ THUẬT SỐ   PHẦN MỀM
THỐNG KÊ   ẢO
CHỮ   VI RÚT
INTERNET

21 - Números

```
Q M H V S D P K O U T Y V A
P B Ư L U Ố H M N M L Y H T
R T Ố Ờ H C K G Q H I G V I
C H Í N I B H H A I M Ư Ơ I
Y A T I G S U O Ô M Ư Ờ I R
D I T H U Q Á O M N Ă M T M
M Ư Ờ I B Ố N U Ư M G Ư H Ư
M Ư Ờ I C H Í N Ờ C M Ờ Ậ Ờ
M Ư Ờ I B A B L I I Ư I P I
C G Y Y N B A L T A Ờ B P L
T Á M N A Ả U O Á S I Ả H Ă
I M N I Y Y K T M Á H Y Â M
G B T T P L M C O U A K N C
T L D D D C N D T B I I L H
```

MƯỜI BỐN	MƯỜI HAI
SỐ KHÔNG	HAI
NĂM	CHÍN
BỐN	TÁM
THẬP PHÂN	MƯỜI LĂM
MƯỜI CHÍN	SÁU
MƯỜI TÁM	BẢY
MƯỜI SÁU	MƯỜI BA
MƯỜI BẢY	BA
MƯỜI	HAI MƯƠI

22 - Mitología

```
S  M  V  Ă  N  H  O  Á  D  V  D  G  N  S
V  Ứ  R  H  R  I  N  T  R  Ả  T  H  Ù  I
C  Ó  C  H  Ế  T  Ề  P  P  H  R  E  K  N
S  K  M  M  R  A  H  M  Ê  C  U  N  G  H
V  Ự  Y  O  Ạ  C  R  S  T  H  Y  T  M  V
P  I  B  M  C  N  D  Á  M  I  Ề  H  B  Ậ
S  É  T  Ấ  A  L  H  N  P  Ế  N  I  S  T
L  H  L  T  T  H  H  G  A  N  T  Ê  Ấ  G
M  M  C  Q  V  T  T  T  H  B  H  N  M  Y
H  À  N  H  V  I  Ử  Ạ  O  I  U  Đ  I  A
T  H  Ả  M  H  Ọ  A  O  N  N  Y  Ư  G  I
A  N  H  H  Ù  N  G  G  R  H  Ế  Ờ  C  N
N  G  U  Y  Ê  N  M  Ẫ  U  O  T  N  D  V
Q  U  Á  I  V  Ậ  T  P  N  O  R  G  V  P
```

NGUYÊN MẪU

GHEN

THIÊN ĐƯỜNG

HÀNH VI

SÁNG TẠO

NIỀM TIN

SINH VẬT

VĂN HOÁ

THẢM HỌA

SỨC MẠNH

CHIẾN BINH

ANH HÙNG

SỰ BẤT TỬ

MÊ CUNG

TRUYỀN THUYẾT

QUÁI VẬT

CÓ CHẾT

SÉT

SẤM

TRẢ THÙ

23 - Ecología

```
N O P K O M R H F O G P B R
R P B H M Y O M L P Đ U Ề R
M H O Í R A C A O O Ộ U N Y
H D S H L H R C R K N T V P
L Y Ự Ậ O M B S A T G H Ữ M
C H S U L O À I H Q V I N M
B Ộ Ố T O À N C Ầ U Ậ Ê G T
G Y N Ú I N G Đ R D T N H H
R T G G H K B A D K M N I Ự
N G C O Đ B I D M V G H O C
R R Ò A G Ồ Ể Ạ B N B I O V
T Ự N H I Ê N N R Q O Ê C Ậ
A L D T À I N G U Y Ê N Â T
A R Y Q H Ạ N H Á N P R Y P
```

KHÍ HẬU	TỰ NHIÊN
CỘNG ĐỒNG	THIÊN NHIÊN
ĐA DẠNG	MARSH
LOÀI	CÂY
ĐỘNG VẬT	TÀI NGUYÊN
FLORA	HẠN HÁN
TOÀN CẦU	BỀN VỮNG
BIỂN	SỰ SỐNG CÒN
NÚI	THỰC VẬT

24 - Herramientas

```
M  U  R  D  A  O  K  M  Y  D  M  L  A  P
T  H  K  Â  A  L  Ì  P  K  U  T  Y  A  M
K  R  D  Y  K  M  M  Y  U  I  C  L  P  N
É  E  A  T  U  G  V  Ồ  I  T  H  A  N  G
O  V  O  H  N  I  I  N  H  B  T  U  K  Ọ
B  U  C  Ừ  M  Q  B  Ấ  B  I  R  P  N  N
H  V  Ạ  N  B  Ú  A  K  Y  Q  C  T  P  Đ
Q  H  O  G  V  Í  T  N  Y  R  N  Á  H  U
V  U  P  L  N  L  K  A  H  R  C  V  P  Ố
P  N  R  G  P  Q  Y  D  B  K  A  O  N  C
C  C  H  B  Y  L  T  U  U  B  R  A  O  C
B  R  M  H  G  G  R  C  B  U  D  M  Y  K
R  C  T  D  R  Ì  U  A  I  P  R  I  O  O
B  Á  N  H  X  E  B  X  Ẻ  N  G  N  O  M
```

KÌM	BÚA
NGỌN ĐUỐC	VỒ
CÁP	DAO CẠO
DAO	XẺNG
DÂY THỪNG	KEO
THANG	BÁNH XE
GIẤY	KÉO
RÌU	VÍT

25 - Casa

```
G  Ư  Ơ  N  G  Ố  C  V  Ò  I  T  S  H  Đ
T  P  Y  T  I  N  N  H  K  G  V  À  À  È
N  H  À  B  Ế  P  I  G  Ổ  U  Ư  N  N  N
B  Ò  Ả  A  Y  G  V  A  K  I  Ờ  N  G  K
A  N  I  M  K  Á  C  P  T  H  N  H  R  T
Q  G  G  Q  D  C  Ử  A  Ầ  V  Ó  À  À  H
L  N  L  N  V  X  A  G  N  Ò  C  I  O  Ư
T  G  A  M  Q  É  S  C  G  I  N  Q  N  V
A  Ủ  C  V  R  P  Ổ  C  H  H  C  K  B  I
M  Á  I  N  H  À  G  T  Ầ  O  I  G  A  Ễ
L  O  T  A  R  N  N  I  M  A  D  H  Y  N
Q  T  I  T  Ư  Ờ  N  G  P  S  I  Y  M  V
U  L  V  G  G  V  Y  L  C  E  Q  I  H  T
G  A  R  A  H  K  I  D  G  N  N  Y  H  D
```

THẢM	VÒI
GÁC XÉP	VƯỜN
THƯ VIỆN	ĐÈN
ỐNG KHÓI	TƯỜNG
NHÀ BẾP	SÀN NHÀ
PHÒNG NGỦ	CỬA
VÒI HOA SEN	TẦNG HẦM
CHỔI	MÁI NHÀ
GƯƠNG	HÀNG RÀO
GA-RA	CỬA SỔ

26 - Artes Visuales

```
T  B  G  K  U  K  L  B  U  O  K  U  L  P
H  K  H  P  D  N  Q  Ú  C  Á  I  B  Ú  T
À  V  N  Y  P  Ả  C  T  B  R  Ẽ  O  M  G
N  S  Á  P  H  Ấ  N  C  D  G  T  T  C  C
H  Đ  Ấ  T  S  É  T  H  N  H  T  R  Q  C
P  H  I  M  Ả  N  H  Ì  C  G  Á  A  K  H
H  Q  U  A  N  Đ  I  Ể  M  H  C  U  I  Â
Ầ  Y  Y  G  I  Ấ  Y  N  Ế  N  Ụ  C  Ế  N
N  S  Á  N  G  T  Ạ  O  T  T  Y  P  N  D
Đ  I  Ê  U  K  H  Ắ  C  V  Ẽ  Q  T  T  U
K  Ồ  B  Ứ  C  T  R  A  N  H  U  P  R  N
H  N  G  H  Ệ  S  Ĩ  N  A  P  U  I  Ú  G
K  T  I  Ố  N  R  D  A  R  R  V  C  C  Q
I  D  Y  T  M  O  G  Q  V  T  V  I  T  G
```

ĐẤT SÉT
KIẾN TRÚC
NGHỆ SĨ
VẼ
SÁP
ĐỒ GỐM
THÀNH PHẦN
SÁNG TẠO
ĐIÊU KHẮC
ẢNH CHỤP

BÚT CHÌ
KIỆT TÁC
PHIM ẢNH
QUAN ĐIỂM
BỨC TRANH
GIẤY NẾN
CÁI BÚT
CHÂN DUNG
PHẤN

27 - Escuela #2

```
X  B  N  Y  O  V  K  Q  T  H  V  B  N  Q
E  K  A  H  Y  Ă  B  T  R  P  G  T  K  U
B  V  H  L  T  N  G  A  Ò  N  I  H  L  Ầ
U  Ú  Y  U  Ô  H  I  B  C  S  Á  Ư  T  N
Ý  I  T  Q  C  Ọ  Á  M  H  Á  O  V  O  Á
T  R  Ừ  C  D  C  O  Á  Ơ  C  V  I  I  O
O  C  Đ  K  H  B  D  Y  I  H  I  Ệ  Y  Q
A  D  I  É  Ọ  Ì  Ụ  T  P  Y  Ê  N  P  O
M  V  Ể  O  C  G  C  Í  L  M  N  A  C  O
Q  O  N  L  O  G  K  N  Ị  Q  U  A  A  U
V  R  O  T  T  I  C  H  C  I  V  P  T  V
L  G  M  Q  Ẩ  Ấ  G  D  H  A  N  O  P  O
N  H  H  R  L  Y  K  H  O  A  H  Ọ  C  A
Q  N  G  Ữ  P  H  Á  P  A  Đ  Ọ  C  D  M
```

HỌC	BÚT CHÌ
XE BUÝT	ĐỌC
THƯ VIỆN	SÁCH
TẨY	VĂN HỌC
LỊCH	BA LÔ
KHOA HỌC	MÁY TÍNH
TỪ ĐIỂN	GIẤY
GIÁO DỤC	GIÁO VIÊN
NGỮ PHÁP	QUẦN ÁO
TRÒ CHƠI	KÉO

28 - Selva Tropical

```
C  P  D  T  Q  A  A  Q  K  Y  C  V  H  S
P  O  B  H  I  C  S  U  H  D  Y  K  Y  Ự
H  C  H  I  M  I  Ự  Ý  Í  O  G  A  M  T
Ụ  C  Ộ  Ê  R  M  B  K  H  I  C  R  A  Ô
C  M  Y  N  D  Q  Ả  U  Ậ  L  O  À  I  N
H  R  Ừ  N  G  M  O  Q  U  D  K  R  L  T
Ồ  K  M  H  Y  Đ  T  H  Ự  C  V  Ậ  T  R
I  T  G  I  D  A  Ồ  Đ  Á  M  M  Â  Y  Ọ
R  U  B  Ê  T  D  N  N  Q  B  D  P  R  N
Ê  E  K  N  U  Ạ  K  V  G  Ả  I  M  I  G
U  Q  F  C  Ô  N  T  R  Ù  N  G  G  N  B
D  B  M  U  N  G  U  K  N  Đ  Q  B  V  C
Q  M  G  T  G  B  Y  V  G  Ị  A  V  O  M
K  H  P  M  C  E  T  Y  L  A  G  T  N  M
```

THỰC VẬT   ĐÁM MÂY
KHÍ HẬU   CHIM
CỘNG ĐỒNG   SỰ BẢO TỒN
ĐA DẠNG   REFUGE
LOÀI   SỰ TÔN TRỌNG
BẢN ĐỊA   PHỤC HỒI
CÔN TRÙNG   RỪNG
RÊU   QUÝ
THIÊN NHIÊN

29 - Colores

```
M  N  Đ  G  V  C  T  K  U  L  N  M  L  A
À  A  Ỏ  I  R  G  R  H  Ồ  N  G  À  L  Y
U  Z  G  C  N  O  Ắ  V  M  A  M  U  C  U
X  U  R  E  R  U  N  P  L  D  P  V  Y  G
A  R  U  H  N  Q  G  C  A  I  D  À  K  P
N  E  T  U  P  T  I  D  I  C  B  N  L  Y
H  Y  C  D  A  Y  A  H  P  T  H  G  A  K
Y  Q  U  X  Á  M  À  U  B  E  N  L  V  Y
Q  M  L  P  P  À  Q  X  A  N  H  G  B  B
C  A  M  Q  V  U  N  O  U  Y  T  Y  Q  Y
C  H  À  M  D  T  G  Â  H  C  Y  C  B  L
M  G  V  C  G  Í  O  F  U  C  H  S  I  A
A  M  D  C  C  M  O  R  A  Đ  E  N  V  G
M  À  U  N  Â  U  M  Y  K  Y  Ỏ  G  U  A
```

MÀU VÀNG	MÀU NÂU
MÀU XANH	CAM
AZURE	ĐEN
MÀU BE	MÀU TÍM
TRẮNG	ĐỎ
FUCHSIA	HỒNG
XÁM	NÂU ĐỎ
CHÀM	XANH
MAGENTA	

30 - Adjetivos #1

Y	H	I	Ễ	N	Đ	Ạ	I	Đ	H	C	Q	U	Ý
L	I	R	H	N	N	K	H	Ầ	Ấ	B	H	T	Q
K	H	Ổ	N	G	L	Ồ	D	Y	P	T	Q	Ậ	P
H	O	L	T	C	V	R	D	T	D	H	H	L	M
Q	O	D	R	L	T	V	Y	H	Ẫ	Ơ	T	V	V
U	R	À	U	Q	H	U	L	A	N	M	M	H	G
A	Ộ	H	N	G	H	I	Ê	M	T	R	Ọ	N	G
N	N	O	G	H	P	P	S	V	D	T	O	H	O
T	G	Ạ	T	D	Ả	Y	Á	Ọ	Q	A	O	V	H
R	L	T	H	G	L	O	N	N	L	Y	T	H	B
Ọ	Ư	Đ	Ự	B	P	U	G	G	C	M	I	R	O
N	Ợ	Ộ	C	L	T	U	Y	Ễ	T	Đ	Ố	I	Ẻ
G	N	N	N	Ớ	N	Ặ	N	G	T	Ố	I	Y	N
C	G	G	K	N	H	V	Ô	T	Ộ	I	R	R	B

TUYỆT ĐỐI	QUAN TRỌNG
HOẠT ĐỘNG	VÔ TỘI
ĐẦY THAM VỌNG	TRẺ
THƠM	CHẬM
HẤP DẪN	HIỆN ĐẠI
SÁNG	TỐI
KHỔNG LỒ	HOÀN HẢO
RỘNG LƯỢNG	NẶNG
LỚN	NGHIÊM TRỌNG
TRUNG THỰC	QUÝ

31 - Familia

```
E  M  C  D  T  H  Ờ  I  T  H  Ơ  Ấ  U  I
B  M  Ẹ  M  R  C  O  N  G  Á  I  C  B  Q
D  Q  H  C  Ẻ  H  C  H  Ú  L  K  C  H  V
V  L  I  Ọ  E  Á  L  D  P  Q  C  U  Q  Q
V  R  T  R  M  U  O  G  K  K  Y  R  T  A
U  M  P  Ổ  O  G  A  Q  N  K  G  I  U  Y
V  M  D  D  T  Á  V  R  D  N  N  R  M  C
T  U  R  P  O  I  T  H  R  B  À  D  L  O
I  V  Ợ  A  O  O  Ê  A  L  O  H  Ì  O  N
C  H  Á  U  H  B  Ô  N  G  E  M  G  Á  I
U  H  H  I  D  B  C  H  A  I  D  Y  K  V
Q  L  Ồ  T  H  D  K  I  O  T  M  G  H  Y
K  A  A  N  H  T  R  A  I  C  L  Q  Y  M
D  O  T  L  G  A  O  T  V  N  V  R  O  P
```

BÀ
ÔNG
TỔ TIÊN
VỢ
EM GÁI
ANH TRAI
CON GÁI
THỜI THƠ ẤU
MẸ

CHỒNG
CON
TRẺ EM
CHA
EM HỌ
CHÁU GÁI
CHÁU
DÌ
CHÚ

32 - Disciplinas Científicas

```
Đ  H  Ó  A  S  I  N  H  S  S  K  K  T  C
G  Ị  K  B  S  O  Q  Y  I  I  H  H  H  Ơ
V  L  A  C  I  Q  I  N  N  N  Í  O  Ầ  K
D  P  I  C  N  K  H  Y  H  H  T  Á  N  H
I  B  N  X  H  Y  A  C  T  H  Ư  N  K  Í
N  D  R  Ã  L  Ấ  I  Q  H  Ọ  Ợ  G  I  M
H  V  D  H  Ý  N  T  T  Á  C  N  T  N  I
D  Ó  D  Ộ  H  B  G  H  I  G  G  Â  H  Ễ
Ư  M  A  I  Ọ  M  I  Ô  Ọ  G  H  M  T  N
Ỡ  D  D  H  C  G  D  C  N  Ọ  L  O  D
N  U  T  Ọ  Ọ  T  B  L  O  N  C  Ý  H  Ị
G  G  R  C  N  C  U  Y  Q  D  G  C  V  C
Q  M  K  H  Ả  O  C  Ổ  H  Ọ  C  Ữ  A  H
T  H  I  Ê  N  V  Ă  N  H  Ọ  C  U  K  G
```

KHẢO CỔ HỌC	CƠ KHÍ
THIÊN VĂN HỌC	KHÍ TƯỢNG HỌC
SINH HỌC	KHOÁNG
HÓA SINH	THẦN KINH
SINH THÁI	DINH DƯỠNG
SINH LÝ HỌC	TÂM LÝ
ĐỊA CHẤT HỌC	HÓA HỌC
MIỄN DỊCH	XÃ HỘI HỌC
NGÔN NGỮ	

33 - Gatos

```
Đ  O  H  P  H  V  L  N  O  M  A  Q  B  T
C  U  T  Ò  M  Ò  M  O  Y  I  I  T  U  I
U  O  Ô  H  O  A  N  G  D  Ã  C  R  Ồ  P
M  O  R  I  Ợ  O  H  Đ  C  Á  T  Í  N  H
S  P  V  L  A  S  D  I  I  C  Y  N  C  A
Y  Ợ  U  P  D  Y  Ă  Ê  V  H  N  H  Ư  Q
B  H  I  N  B  A  N  N  U  U  G  Ú  Ờ  V
A  P  T  P  I  H  D  I  C  Ộ  Ủ  T  I  T
Í  T  Ư  N  H  A  N  H  H  T  C  N  V  D
H  C  Ơ  Y  M  M  K  Y  Â  T  O  H  K  U
M  K  I  Y  O  U  R  L  N  V  G  Á  N  K
I  O  D  Y  M  I  T  R  D  U  N  T  N  V
L  D  L  P  G  Y  O  K  O  G  U  R  K  Y
N  H  I  B  Đ  Ộ  C  L  Ậ  P  M  V  K  P
```

THỢ SĂN	ĐIÊN
ĐUÔI	CHÂN
TÒ MÒ	CÁ TÍNH
NGỦ	ÍT
BUỒN CƯỜI	CHUỘT
SỢI	NHANH
ĐỘC LẬP	HOANG DÃ
VUI TƯƠI	NHÚT NHÁT

34 - Cocina

```
M  I  A  K  O  N  R  H  P  Ấ  B  C  O  Q
T  Ạ  P  D  Ề  M  C  K  P  V  M  Ô  Y  B
Ủ  H  M  D  T  Y  D  A  O  B  Ì  N  H  Y
L  Y  Ì  B  Ọ  T  B  I  Ể  N  Á  G  O  T
Ạ  M  G  A  M  T  O  G  A  L  Y  T  D  D
N  Ư  Ở  N  G  P  K  A  I  Ò  L  H  V  U
H  Y  L  O  I  D  T  G  G  D  T  Ứ  U  G
I  N  K  Y  A  U  H  H  H  A  U  C  T  V
H  D  K  F  V  K  B  H  T  T  G  B  H  T
V  Q  G  O  Ị  A  C  H  T  Q  U  H  Ứ  K
H  R  U  R  G  Y  K  H  Ă  N  Ă  N  C  Y
Đ  Ũ  A  K  D  R  V  A  Q  M  L  M  Ă  G
L  K  G  S  V  Q  C  K  C  V  U  B  N  B
B  H  Y  A  Q  V  K  D  T  Y  I  T  G  M
```

ẨM	ĐŨA
THỨC ĂN	NƯỚNG
THÌA	CÔNG THỨC
DAO	TỦ LẠNH
TẠP DỀ	KHĂN ĂN
GIA VỊ	LY
BỌT BIỂN	BÁT
LÒ	FORKS
BÌNH	

35 - Escuela #1

```
B  À  N  N  O  L  O  U  R  O  I  P  B  S
Ữ  Ả  A  K  U  U  H  V  U  R  Y  A  U  Á
A  V  N  B  R  V  I  R  R  R  I  O  D  C
T  H  I  G  I  Ấ  Y  K  B  O  B  V  N  H
R  M  G  H  C  Â  U  T  R  Ả  L  Ờ  I  C
Ư  G  Ô  Ế  Y  H  V  U  I  V  Ẻ  T  O  Q
A  I  Đ  N  M  L  Ữ  B  L  Ớ  P  H  Ọ  C
Y  Á  S  Ố  T  K  G  C  H  R  Y  Ư  L  V
I  O  Ố  V  H  O  R  C  Á  I  O  M  Q  B
O  V  I  L  Ư  O  Á  Q  A  I  B  Ụ  K  C
H  I  M  N  V  L  Y  N  I  V  Ú  C  M  D
Y  Ê  U  P  I  T  M  O  B  Ú  T  C  H  Ì
T  N  O  Y  Ễ  G  I  M  M  B  Đ  Ọ  C  T
C  N  H  U  N  L  U  B  Ạ  N  B  È  D  O
```

BẢNG CHỮ CÁI	BÚT CHÌ
BỮA TRƯA	ĐỌC
BẠN BÈ	SÁCH
LỚP HỌC	MÔN TOÁN
THƯ VIỆN	SỐ
THƯ MỤC	GIẤY
VUI VẺ	BÚT
BÀN	GIÁO VIÊN
ĐỐ	CÂU TRẢ LỜI
THI	GHẾ

36 - Adjetivos #2

```
M  Ẹ  T  M  N  Ă  L  U  I  U  N  T  T  P
Ạ  Ặ  A  Ớ  G  T  N  Y  B  U  R  I  P  T
N  Q  N  I  Ọ  B  I  Đ  M  À  U  M  Ỡ  R
H  K  H  Ô  T  T  D  P  Ư  Ô  N  R  B  S
C  Q  L  H  Ự  L  D  L  B  Ợ  T  O  K  Á
L  H  H  T  H  Y  K  T  Ì  I  C  Ả  T  N
K  D  Y  R  À  B  N  U  N  C  A  Y  H  G
R  R  D  O  O  U  A  U  H  M  T  D  A  T
N  Ổ  I  D  A  N  H  I  T  T  H  A  N  Ạ
K  H  Ỏ  E  M  Ạ  N  H  H  Ư  Ú  P  H  O
Ị  T  Ự  N  H  I  Ê  N  Ư  Ơ  V  T  L  T
C  G  Q  P  M  Y  G  O  Ờ  I  Ị  Q  Ị  V
H  U  Y  H  C  M  I  K  N  M  V  A  C  O
V  G  H  V  U  B  O  L  G  G  B  O  H  L
```

MỆT	THÚ VỊ
ĂN ĐƯỢC	TỰ NHIÊN
SÁNG TẠO	BÌNH THƯỜNG
MÔ TẢ	MỚI
KỊCH	TỰ HÀO
NGỌT	CAY
THANH LỊCH	MÀU MỠ
NỔI DANH	MẶN
TƯƠI	KHỎE MẠNH
MẠNH	KHÔ

37 - Cuerpo Humano

```
Đ  Ố  I  M  Ặ  T  I  M  Ắ  T  C  Á  C  M
Đ  Ầ  U  G  Ố  I  P  P  L  G  U  O  M  G
C  L  U  C  C  Q  I  L  V  T  C  R  R  B
Ổ  M  Á  U  M  Ũ  I  N  K  D  V  K  U  A
M  H  A  K  H  U  Ỷ  U  T  A  Y  A  T  A
M  M  D  P  N  T  B  A  A  U  D  D  I  Q
Ắ  I  C  T  G  L  Ư  Ỡ  I  V  M  T  T  O
T  Ệ  R  M  G  D  H  V  N  M  M  T  I  N
O  N  G  Ó  N  T  A  Y  K  O  P  K  I  D
C  G  Y  C  D  V  K  V  C  R  I  H  G  Y
N  L  N  Q  I  A  U  H  P  H  V  Q  M  K
R  M  U  Y  D  H  C  R  T  Y  Â  T  A  Y
R  P  T  L  B  D  Ằ  T  V  T  T  N  T  R
Y  D  H  O  O  C  M  C  K  U  T  C  U  G
```

CẢM   LƯỠI
MIỆNG   TAY
ĐẦU   MŨI
ĐỐI MẶT   MẮT
ÓC   TAI
KHUỶU TAY   DA
TIM   CHÂN
CỔ   ĐẦU GỐI
NGÓN TAY   MÁU
VAI   MẮT CÁ

38 - Ciencia

```
P  Q  M  R  Q  N  T  R  Ọ  N  G  L  Ự  C
K  H  U  Y  A  U  G  T  C  V  T  M  P  R
H  T  Ư  C  V  P  A  U  Â  A  T  R  H  O
O  H  Y  Ơ  M  C  M  N  Y  Y  Q  R  Â  G
Á  I  U  Q  N  H  D  M  S  Ê  L  R  N  I
N  Ê  L  Y  O  G  H  N  Y  Á  N  R  T  Ả
G  N  O  O  R  N  P  G  G  L  T  T  Ử  T
S  N  V  Ậ  T  L  Ý  H  D  T  T  H  Ử  H
Ả  H  D  Ữ  L  I  Ệ  U  Á  K  I  Ự  O  U
N  I  K  H  Í  H  Ậ  U  L  P  Ế  C  G  Y
T  Ê  H  Ó  A  T  H  Ạ  C  H  N  T  Y  Ế
B  N  H  Ó  A  C  H  Ấ  T  Ạ  H  Ế  V  T
T  H  Í  N  G  H  I  Ệ  M  T  Ó  R  I  T
N  H  À  K  H  O  A  H  Ọ  C  A  M  P  O
```

NGUYÊN TỬ
NHÀ KHOA HỌC
KHÍ HẬU
DỮ LIỆU
TIẾN HÓA
THÍ NGHIỆM
VẬT LÝ
HÓA THẠCH
TRỌNG LỰC
THỰC TẾ

GIẢ THUYẾT
PHƯƠNG PHÁP
KHOÁNG SẢN
PHÂN TỬ
THIÊN NHIÊN
QUAN SÁT
HẠT
CẨY
HÓA CHẤT

39 - Dinosaurios

```
R Y K P I R T T T H M T A L
N A B C B Y Y I R Ó Ạ H P Ớ
Q A P I A V I Ế Á A N Ờ P N
A O O T D N U N I T H I K L
P V N L O P U H Đ H M T Í U
B Ò S Á T R B Ó Ấ Ạ Ẽ I C Ẩ
I L Đ D N O V A T C H Ề H N
Ế O M U L M D O H H B N T Q
N À M Q Ô N O U I L L S H U
M I B T U I C N O M C Ử Ư Ẩ
Ấ C Á N H V O R D L A G Ớ N
T U Y U K O L A M G T M C A
D T N A R R T K O H G U Ú P
N K L M L E K R L D C L I T
```

CÁNH   OMNIVORE
ĐUÔI   MẠNH MẼ
BIẾN MẤT   THỜI TIỀN SỬ
LOÀI   RAPTOR
TIẾN HÓA   BÒ SÁT
HÓA THẠCH   KÍCH THƯỚC
LỚN   TRÁI ĐẤT
VOI MA MÚT   LUẨN QUẨN

40 - Restaurante #2

```
R I I U Q Y K G M M B H G H
B K C N L N Đ Ồ U Ố N G L Y
M M Q H K C V C Ố G N S A L
B Ó H G B Á G R I S G Ú B A
U Ữ N C Á I T H Ì A O P Ă B
M C A K N N B D Ế L N H N M
O V D T H Ĩ I M V A Ư Ụ G O
L B G C R A C H C D Ớ C O K
G I A V Ị Ư I I O M C V L G
R L L A A G A V N R D Ụ Y Y
Q I C P B G V T Ị A C N Q N
V O R B Q R K I G U Á A P N
M O O T R Á I C Â Y L M Q O
B Ữ A T Ố I T R Ứ N G L K M
```

NƯỚC	TRÁI CÂY
BỮA TRƯA	BĂNG
MÓN KHAI VỊ	TRỨNG
ĐỒ UỐNG	BÁNH
PHỤC VỤ NAM	CÁ
BỮA TỐI	MUỐI
CÁI THÌA	GHẾ
NGON	SÚP
SALAD	CÁI NĨA
GIA VỊ	RAU

41 - Profesiones #1

```
O  Đ  Y  H  Y  N  D  K  T  C  N  B  T  A
B  Ạ  Q  N  G  Â  N  H  À  N  G  Á  H  L
I  I  A  M  N  H  Ạ  C  S  Ĩ  H  C  Ợ  T
Y  S  Ê  T  H  Ủ  Y  T  H  Ủ  Ệ  S  S  O
H  Ứ  Q  N  U  M  N  T  D  L  S  Ĩ  Ă  L
V  P  O  G  T  Q  C  M  Á  U  Ĩ  A  N  Í
P  H  P  H  C  Ậ  Q  A  R  Ậ  P  T  J  N
P  B  B  Ẹ  C  M  P  Q  D  T  I  H  E  H
K  L  H  S  M  O  H  V  K  S  A  Ợ  W  C
C  Ự  U  Ĩ  Y  V  T  L  I  Ư  N  M  E  Ứ
B  C  B  M  G  C  M  L  K  Ê  O  A  L  U
A  S  Q  Q  B  T  V  V  U  R  N  Y  E  H
C  Ĩ  U  R  M  E  Ỷ  Ũ  C  Ô  N  G  R  Ỏ
B  G  M  I  G  V  R  U  Q  Y  D  H  Y  A
```

LUẬT SƯ   ĐẠI SỨ
NGHỆ SĨ   Y TÁ
LỰC SĨ   PLUMBER
VŨ CÔNG   JEWELER
NGÂN HÀNG   THỦY THỦ
LÍNH CỨU HỎA   NHẠC SĨ
THỢ SĂN   NGHỆ SĨ PIANO
BÁC SĨ   THỢ MAY
BIÊN TẬP VIÊN

42 - Vehículos

```
X  U  Đ  L  Q  X  E  T  A  Y  G  A  T  X
E  U  Ộ  Y  Ố  L  C  R  P  C  O  B  H  E
C  A  N  Y  C  P  H  À  L  P  Y  O  U  T
Ứ  X  G  Q  D  A  B  A  M  C  L  C  Y  Ắ
U  E  C  I  L  L  R  O  G  T  I  B  Ề  C
T  Đ  Ơ  X  E  L  Ử  A  P  Y  A  R  N  X
H  I  C  Q  X  K  V  G  V  B  T  T  T  I
Ư  Ễ  T  N  X  E  Đ  Ạ  P  A  Ê  O  A  O
Ơ  N  L  N  K  K  H  T  À  U  N  G  Ầ  M
N  N  N  G  L  Y  V  Ơ  N  L  L  V  A  N
G  G  X  E  B  U  Ý  T  I  B  Ử  D  H  Y
G  Ầ  M  Á  Y  B  A  Y  O  O  A  B  H  K
A  M  H  C  T  È  M  Á  Y  K  É  O  V  L
T  K  N  X  E  T  Ả  I  C  V  A  H  V  Y
```

XE CỨU THƯƠNG	PHÀ
XE BUÝT	VAN
MÁY BAY	XE ĐIỆN NGẦM
BÈ	ĐỘNG CƠ
THUYỀN	LỐP
XE ĐẠP	XE TAY GA
XE TẢI	TÀU NGẦM
CARAVAN	XE TẮC XI
XE HƠI	MÁY KÉO
TÊN LỬA	XE LỬA

43 - Vacaciones #2

```
N G O Ạ I Q U Ố C O G V M L
B I Ể N I P H T Q D M Ậ G G
C Ã I V Y P A B H V B N Ú I
I Đ I Ể M Đ Ế N Đ Ả O C T Ả
Ả N H B Ả N Đ Ồ K V H H H I
H G V D I H Ộ C H I Ế U B T
Q À L Ề U Ể U Ắ Á O A Y G R
T Y N T B L N M C U N Ể A Í
Q L Q H T H Ị T H Ự C N A D
B Ễ G O T C A R S Â N B A Y
N K R N R R A Ạ Ạ G H I P R
R G A D N K Ì I N G I D N N
X E T Ắ C X I N T P D B I C
A X E L Ử A C A H U K Y A H
```

SÂN BAY   NÚI
CẮM TRẠI   GIẢI TRÍ
LỀU   HỘ CHIẾU
ĐIỂM ĐẾN   BÃI BIỂN
NGOẠI QUỐC   XE TẮC XI
ẢNH   VẬN CHUYỂN
KHÁCH SẠN   XE LỬA
ĐẢO   NGÀY LỄ
BẢN ĐỒ   HÀNH TRÌNH
BIỂN   THỊ THỰC

44 - Cumpleaños

```
G  T  N  B  À  I  H  Á  T  D  V  M  V  K
L  L  Q  G  R  T  Á  C  U  L  U  U  M  A
T  I  Ị  U  À  H  T  G  Y  S  I  Y  K  L
L  R  A  C  À  Y  Q  O  Ẽ  Ự  V  R  T  Ễ
Ờ  M  R  D  H  T  Đ  B  T  K  Ẻ  U  T  Ă
I  U  R  Q  B  H  Ặ  Ạ  R  H  B  K  U  N
M  Y  H  R  U  Ờ  C  N  Ẻ  Ô  Á  T  A  M
Ờ  H  O  H  H  I  B  B  G  N  N  Ă  M  Ừ
I  V  N  O  K  G  I  È  C  N  H  B  A  N
C  R  T  B  Y  I  Ễ  I  T  G  N  C  L  G
U  T  T  N  R  A  T  T  H  O  L  P  O  N
K  Q  C  H  Y  N  Q  M  Ẻ  A  T  B  G  L
O  P  P  U  L  Ế  C  R  P  N  H  V  G  G
K  G  P  Q  P  N  L  K  U  N  I  T  N  A
```

BẠN BÈ	TUYỆT
NĂM	LỜI MỜI
LỊCH	TRẺ
BÀI HÁT	BÁNH
HÁT	QUÀ TẶNG
LỄ ĂN MỪNG	SỰ KHÔN NGOAN
NGÀY	THẺ
ĐẶC BIỆT	THỜI GIAN
VUI VẺ	NẾN

45 - Baile

```
T  R  Ự  C  Q  U  A  N  T  I  N  Y  P  Q
H  D  R  A  H  C  Ơ  T  H  Ể  N  A  H  Y
I  G  N  L  V  H  R  U  Ư  Q  T  T  O  H
H  N  G  H  Ệ  T  H  U  Ậ  T  U  Â  N  Ọ
G  H  H  T  D  V  U  B  K  O  H  N  G  C
P  Ả  Q  R  V  Ă  V  H  B  T  Y  Ế  T  V
Đ  Y  O  M  U  N  H  Ị  P  Y  Y  D  R  I
Y  Ố  U  D  I  H  C  Ả  M  X  Ú  C  À  Ễ
I  Y  I  P  V  O  H  D  N  M  H  P  O  N
I  A  D  T  Ẻ  Á  Â  M  N  H  Ạ  C  C  O
I  K  C  A  Á  U  V  Ă  N  H  Ó  A  G  D
O  U  M  C  L  C  C  Ổ  Đ  I  Ể  N  P  D
C  H  O  R  E  O  G  R  A  P  H  Y  G  T
T  R  U  Y  Ề  N  T  H  Ố  N  G  D  M  K
```

HỌC VIỆN   ÂN
VUI VẺ   PHONG TRÀO
NGHỆ THUẬT   ÂM NHẠC
CỔ ĐIỂN   TƯ THẾ
CHOREOGRAPHY   NHỊP
CƠ THỂ   NHẢY
VĂN HOÁ   ĐỐI TÁC
VĂN HÓA   TRUYỀN THỐNG
CẢM XÚC   TRỰC QUAN

46 - Matemáticas

```
P  B  N  N  T  K  R  I  T  P  P  G  Q  P
Â  M  L  Ư  Ợ  N  G  V  A  G  N  I  D  K
S  O  N  G  S  O  N  G  M  T  V  D  Q  H
R  Đ  P  T  Đ  Ư  Ờ  N  G  K  Í  N  H  Ì
C  A  P  H  C  L  V  M  I  D  B  Y  Ì  N
Ầ  G  H  Ậ  Ư  K  U  B  Á  N  K  Í  N  H
U  I  Â  P  V  Ơ  Ô  U  C  C  C  H  H  C
Q  Á  N  P  M  Ũ  N  S  S  Ố  Y  G  H  H
M  C  S  H  G  Y  G  G  Ố  D  R  Ó  Ọ  Ữ
M  Q  Ố  Â  T  L  G  T  T  H  L  C  C  N
V  I  V  N  U  H  Ó  C  T  R  Ọ  D  D  H
C  H  U  V  I  P  C  K  T  V  Ì  C  B  Ậ
Y  R  V  I  V  M  Đ  Ố  I  X  Ứ  N  G  T
Q  U  Ả  N  G  T  R  Ư  Ờ  N  G  N  H  N
```

SỐ HỌC	SỐ
GÓC	SONG SONG
QUẢNG TRƯỜNG	CHU VI
THẬP PHÂN	VUÔNG GÓC
ĐƯỜNG KÍNH	ĐA GIÁC
PHƯƠNG TRÌNH	BÁN KÍNH
CẦU	HÌNH CHỮ NHẬT
MŨ	ĐỐI XỨNG
PHÂN SỐ	TAM GIÁC
HÌNH HỌC	ÂM LƯỢNG

47 - Restaurante #1

```
C  D  R  Y  B  N  U  R  H  P  I  K  O  N
À  A  N  R  A  Ư  Đ  C  R  C  T  H  H  Ữ
P  M  Y  R  Y  Ớ  R  Ặ  D  T  H  Ă  P  P
H  I  T  T  M  C  N  C  T  O  T  N  L  H
Ê  O  H  H  D  X  V  B  L  P  V  Ă  T  Ụ
C  O  Ứ  À  Ị  Ố  B  U  D  G  H  N  K  C
K  O  C  N  Ứ  T  B  G  N  M  V  Ò  A  V
T  L  Ă  H  N  B  Á  N  H  M  Ì  M  N  Ụ
V  D  N  P  G  B  T  H  Ự  C  Đ  Ơ  N  G
B  Y  N  H  À  B  Ế  P  B  L  N  H  H  À
D  D  B  Ầ  B  B  L  U  Y  Đ  O  C  N  P
A  H  Y  N  K  M  R  O  H  Ĩ  Y  I  M  K
O  I  C  O  P  P  I  M  R  A  O  R  B  N
D  A  M  U  K  A  B  B  A  K  K  U  P  N
```

DỊ ỨNG   BÁNH MÌ
CÀ PHÊ   CAY
NỮ PHỤC VỤ   ĐĨA
THỊT   GÀ
NHÀ BẾP   ĐẶT PHÒNG
THỨC ĂN   NƯỚC XỐT
DAO   KHĂN ĂN
THÀNH PHẦN   BÁT
THỰC ĐƠN

48 - Profesiones #2

```
N  H  À  X  U  Ấ  T  B  Ả  N  N  G  N  B
H  H  K  P  Y  M  H  R  A  Ô  H  P  B  Á
À  A  Ọ  Ỹ  R  I  Á  A  B  N  A  V  N  C
H  L  Q  A  S  A  M  Y  Q  G  S  L  H  S
Ó  O  D  N  S  Ư  T  K  N  D  Ĩ  T  I  Ĩ
A  Q  K  H  M  Ĩ  Ử  C  P  Â  Q  R  Ế  H
H  U  O  À  K  B  D  G  V  N  Y  I  P  O
Ọ  K  M  N  T  H  Ử  T  H  Ư  O  Ế  Ả  Ạ
C  Y  B  G  N  H  À  B  Á  O  H  T  N  M
A  H  M  Ô  P  H  I  C  Ô  N  G  G  H  T
H  M  T  N  P  R  T  R  M  B  M  I  G  P
C  Í  N  H  T  R  Ị  G  I  A  A  I  K
U  P  P  G  G  I  Á  O  V  I  Ê  N  A  A
R  C  H  Ữ  P  H  I  H  À  N  H  G  I  A
```

NÔNG DÂN
PHI HÀNH GIA
THỦ THƯ
NHA SĨ
THÁM TỬ
NHÀ XUẤT BẢN
TRIẾT GIA
NHIẾP ẢNH GIA
HOẠ

KỸ SƯ
NHÀ NGÔN NGỮ
BÁC SĨ
NHÀ BÁO
PHI CÔNG
HỌA SĨ
CHÍNH TRỊ GIA
GIÁO VIÊN
NHÀ HÓA HỌC

49 - Senderismo

```
K  C  V  Á  C  H  Đ  Á  I  Q  B  V  H  G
M  U  Ỗ  I  G  O  O  T  C  Q  Ả  D  Ư  I
S  Ẽ  I  R  C  Y  Y  A  Ô  L  N  P  Ớ  À
K  Ự  T  P  H  U  I  K  N  I  Đ  Á  N  Y
H  T  Đ  V  U  Q  C  D  G  G  Ồ  R  G  Ố
Í  P  A  Ị  Ẩ  R  P  R  V  V  D  U  D  N
H  H  Y  B  N  Ú  I  Y  I  Y  C  Ã  Ẫ  G
Ậ  C  U  O  B  H  R  Q  Ê  O  C  D  N  Q
U  A  P  Y  Ị  P  H  G  N  Ặ  N  G  T  R
C  Ắ  M  T  R  Ạ  I  Ư  L  K  B  P  A  N
M  Ặ  T  T  R  Ờ  I  M  Ớ  N  Ư  Ớ  C  U
Y  O  A  R  P  B  T  Đ  Ộ  N  G  V  Ậ  T
T  H  I  Ê  N  N  H  I  Ê  N  G  Y  L  T
G  P  H  N  Q  N  I  L  Y  Q  U  Y  K  M
```

VÁCH ĐÁ   MUỖI
NƯỚC   THIÊN NHIÊN
ĐỘNG VẬT   SỰ ĐỊNH HƯỚNG
GIÀY ỐNG   CÔNG VIÊN
CẮM TRẠI   NẶNG
MỆT   ĐÁ
KHÍ HẬU   CHUẨN BỊ
HƯỚNG DẪN   HOANG DÃ
BẢN ĐỒ   MẶT TRỜI
NÚI

50 - Naturaleza

```
S  A  S  Ô  N  G  S  H  Y  A  K  B  X  S
Q  Ô  Y  L  V  H  M  Ư  U  U  O  P  Ó  E
L  I  N  Q  P  H  I  L  Ơ  B  M  D  I  R
O  K  Y  G  N  Ú  I  Ễ  B  N  G  T  M  E
H  H  Ò  A  B  Ì  N  H  T  R  G  Y  Ò  N
O  L  Y  N  L  Ă  Ă  T  B  Đ  Q  M  N  E
Đ  Á  M  M  Â  Y  N  I  Ắ  Ộ  Ơ  I  Ù  T
M  I  A  T  V  S  G  G  C  N  B  I  P  V
T  R  B  Y  Ẻ  A  Đ  Y  C  G  Q  L  O  O
H  B  T  D  Đ  M  Ộ  H  Ự  V  A  C  B  N
Á  K  V  Q  Ẹ  Ạ  N  V  C  Ậ  R  Ừ  N  G
N  K  N  B  P  C  G  H  C  T  Q  I  U  K
H  O  A  N  G  D  Ã  R  Y  Y  Y  D  H  T
Q  U  A  N  T  R  Ọ  N  G  A  I  O  K  Q
```

ONG	NÚI
ĐỘNG VẬT	SƯƠNG MÙ
BẮC CỰC	ĐÁM MÂY
VẺ ĐẸP	HÒA BÌNH
RỪNG	SÔNG
SA MẠC	HOANG DÃ
NĂNG ĐỘNG	THÁNH
XÓI MÒN	SERENE
LÁ	NHIỆT ĐỚI
SÔNG BĂNG	QUAN TRỌNG

51 - Conduciendo

B	U	M	L	V	P	T	Ố	C	Đ	Ộ	Đ	X	G
U	Y	I	Đ	I	Ậ	H	X	E	T	Ả	I	E	I
G	N	H	Ư	U	M	N	A	P	M	V	B	H	Ấ
B	A	I	Ờ	R	Q	K	C	N	U	P	Ộ	Ơ	Y
Đ	Ư	Ờ	N	G	P	H	Ố	H	H	R	B	I	P
R	D	M	G	N	R	Í	A	O	U	I	T	K	H
D	V	A	H	M	G	A	R	A	V	Y	B	Đ	É
T	M	D	Ằ	B	P	U	Y	R	D	R	Ể	Ộ	P
G	X	E	M	Á	Y	M	Y	Q	T	Y	O	N	K
A	N	T	O	À	N	T	B	H	A	Q	Y	G	N
B	Ả	N	Đ	Ồ	T	O	H	R	I	T	V	C	I
C	Ả	N	H	S	Á	T	A	T	N	Ể	D	Ơ	A
N	H	I	Ê	N	L	I	Ệ	U	Ạ	R	M	N	B
C	V	G	I	A	O	T	H	Ô	N	G	D	N	K

TAI NẠN	XE MÁY
ĐƯỜNG PHỐ	ĐỘNG CƠ
XE TẢI	ĐI BỘ
XE HƠI	NGUY HIỂM
NHIÊN LIỆU	CẢNH SÁT
PHANH	AN TOÀN
GA-RA	VẬN CHUYỂN
KHÍ	GIAO THÔNG
GIẤY PHÉP	ĐƯỜNG HẦM
BẢN ĐỒ	TỐC ĐỘ

52 - Ballet

```
N  G  G  Y  A  R  D  C  C  A  I  C  P  M
K  H  Á  N  G  I  Ả  Ơ  Ư  Ử  K  P  V  C
T  N  À  U  B  G  C  B  Ờ  Â  C  P  D  H
K  D  H  S  U  V  D  Ắ  N  M  K  H  N  O
U  Ỹ  O  N  O  I  K  P  G  N  Ỹ  O  Ỉ  R
A  L  N  I  B  Ạ  G  L  Đ  H  T  N  G  E
H  M  R  Ă  N  N  N  A  Ộ  Ạ  H  G  V  O
N  H  Ị  P  N  A  I  N  K  C  U  C  Ũ  G
C  V  M  K  O  G  M  T  H  C  Ậ  Á  C  R
N  G  H  Ệ  T  H  U  Ậ  T  Ạ  T  C  Ô  A
K  N  M  G  V  V  G  P  M  T  C  H  N  P
B  A  L  L  E  R  I  N  A  I  P  B  G  H
N  T  R  Q  Y  I  G  Y  M  U  P  D  D  Y
C  L  D  À  N  N  H  Ạ  C  G  K  A  Y  R
```

NGHỆ THUẬT	KỸ NĂNG
KHÁN GIẢ	CƯỜNG ĐỘ
BALLERINA	CƠ BẮP
VŨ CÔNG	ÂM NHẠC
NHÀ SOẠN NHẠC	DÀN NHẠC
CHOREOGRAPHY	TẬP
PHONG CÁCH	NHỊP
CỬ CHỈ	KỸ THUẬT

53 - Aventura

```
C  D  K  I  N  G  U  Y  H  I  Ể  M  O  U
H  Ã  O  C  U  I  H  T  R  G  D  I  Ớ  B
U  N  H  M  C  R  Ề  Ă  Ả  Q  P  R  C  I
Ẩ  Đ  O  Q  Y  Q  K  M  N  Y  G  Y  G  T
N  Ư  Ạ  O  O  N  H  Q  V  G  T  M  Y  H
B  Ờ  T  O  O  K  Ó  B  P  U  H  Q  P  I
Ị  N  Đ  U  V  Q  K  N  Đ  H  I  Á  C  Ê
A  G  Ộ  O  C  Ơ  H  Ộ  I  N  U  Q  I  N
B  Ạ  N  B  È  M  Ă  R  Ể  K  K  O  V  N
P  M  G  C  H  C  N  O  M  A  M  R  R  H
N  M  M  C  H  R  V  Ẻ  Đ  Ẹ  P  Đ  I  I
R  I  C  H  D  N  V  I  Ế  H  P  V  Q  Ê
D  Q  I  U  Q  P  P  A  N  T  O  À  N  N
H  À  N  H  T  R  Ì  N  H  K  B  A  G  U
```

HOẠT ĐỘNG	THIÊN NHIÊN
NIỀM VUI	DẪN ĐƯỜNG
BẠN BÈ	MỚI
VẺ ĐẸP	CƠ HỘI
ĐIỂM ĐẾN	NGUY HIỂM
KHÓ KHĂN	CHUẨN BỊ
HĂNG HÁI	AN TOÀN
HÀNH TRÌNH	ĐI

54 - Pájaros

```
G  Q  V  P  O  C  G  R  C  N  Q  T  D  C
Đ  L  Ị  C  H  H  T  N  P  B  V  O  I  O
Ạ  À  T  C  H  I  M  B  Ồ  C  Â  U  Ề  N
I  G  Đ  O  D  M  C  T  V  Ò  K  C  U  V
B  N  D  I  Ễ  C  T  H  R  D  P  A  H  Ẹ
À  Y  T  O  Ể  U  H  R  I  N  Q  N  Â  T
N  G  Ỗ  N  G  U  I  D  Ứ  M  H  G  U  M
G  À  G  D  G  V  Ê  K  Y  N  S  I  C  Ò
B  G  D  C  B  Ồ  N  Ô  N  G  G  Ẻ  B  N
I  L  G  T  B  K  N  Y  V  I  L  L  K  G
C  O  N  Q  U  Ạ  G  K  M  H  Y  I  C  B
G  T  Y  L  F  L  A  M  I  N  G  O  Q  I
C  H  I  M  C  Á  N  H  C  Ụ  T  M  V  Ể
U  P  B  C  A  Q  V  K  T  I  I  A  O  N
```

ĐÀ ĐIỂU	CHIM SẺ
ĐẠI BÀNG	DIỀU HÂU
CÒ	TRỨNG
THIÊN NGA	CON VẸT
CHIM CU	CHIM BỒ CÂU
CON QUẠ	VỊT
FLAMINGO	BỒ NÔNG
NGỖNG	CHIM CÁNH CỤT
DIỆC	GÀ
MÒNG BIỂN	TOUCAN

55 - Playa

M	D	C	R	D	H	V	P	C	C	T	U	U	R
H	Y	R	T	V	P	K	C	O	B	Á	Y	T	M
V	O	H	I	C	T	H	U	Y	Ề	N	T	R	À
C	T	V	D	T	I	Ă	K	D	A	V	B	Ả	U
B	C	L	I	Đ	C	N	H	A	K	D	D	L	X
H	V	C	P	Ả	Ầ	T	Q	V	P	L	M	Ạ	A
B	U	M	U	O	N	M	Ặ	T	T	R	Ờ	I	N
C	K	D	K	Ỳ	N	G	H	Ỉ	B	I	Ể	N	H
I	U	Đ	Ạ	I	D	Ư	Ơ	N	G	B	Y	K	N
U	K	A	Y	T	H	R	G	V	V	Ờ	C	U	B
K	C	U	M	T	H	U	Y	Ề	N	B	U	Ồ	M
Y	Q	K	P	Y	N	G	Q	N	Q	I	T	C	D
G	M	U	G	V	I	O	M	B	T	Ể	V	R	C
D	É	P	O	O	N	P	A	C	L	N	Ô	N	P

CÁT
TRẢ LẠI
MÀU XANH
THUYỀN
CUA
BỜ BIỂN
ĐẢO
ĐẦM

BIỂN
ĐẠI DƯƠNG
DÉP
MẶT TRỜI
KHĂN
KỲ NGHỈ
THUYỀN BUỒM

56 - Surf

```
K  G  L  Y  B  S  L  T  T  C  M  V  L  R
B  H  Ự  H  G  Ó  P  R  Ố  H  B  U  Q  N
S  Ứ  C  M  Ạ  N  H  Ả  C  È  Ụ  Ợ  G  N
Q  T  S  N  L  G  U  L  Đ  O  N  P  T  N
R  U  Ĩ  Y  G  A  N  Ạ  Ộ  V  G  H  T  G
I  D  Á  A  U  V  U  I  V  Ẻ  H  Ổ  H  Ư
L  C  M  N  B  Ã  I  B  I  Ể  N  B  Ờ  Ờ
Đ  U  B  B  Q  L  U  M  T  B  H  I  I  I
I  Á  H  T  U  U  R  D  C  O  I  Ế  T  B
Q  T  M  C  Ự  C  Â  R  T  M  L  N  I  Ắ
P  O  Y  Đ  P  P  P  N  L  R  B  Y  Ế  T
Q  C  K  V  Ô  L  D  H  Q  R  I  N  T  Đ
B  H  P  H  O  N  G  C  Á  C  H  O  H  Ầ
U  I  V  L  N  Q  G  I  M  H  D  I  I  U
```

TRẢ LẠI	SỨC MẠNH
LỰC SĨ	ĐÁM ĐÔNG
QUÁN QUÂN	SÓNG
THỜI TIẾT	BÃI BIỂN
VUI VẺ	PHỔ BIẾN
BỌT	NGƯỜI BẮT ĐẦU
PHONG CÁCH	CHÈO
BỤNG	PHUN
CỰC	TỐC ĐỘ

57 - Geografía

```
Q  L  Ã  N  H  T  H  Ổ  D  H  L  G  N  N
Y  U  H  S  Ô  N  G  M  L  K  Ụ  C  D  L
L  L  Ố  C  N  Y  Ú  N  R  I  C  B  P  A
L  Y  Y  C  N  A  B  I  Ể  N  Đ  B  Ắ  C
T  K  O  B  G  T  A  Đ  A  H  Ị  T  Q  C
A  H  T  B  G  I  B  Ả  T  Đ  A  M  U  O
D  U  À  Ả  D  C  A  O  L  Ộ  P  N  Y  T
A  V  H  N  V  K  K  V  A  O  H  O  T  Q
M  Ự  C  Đ  H  G  H  Ĩ  S  T  Í  Q  V  U
I  C  V  Ồ  B  P  M  Đ  Ộ  C  A  O  P  T
Y  G  P  A  L  O  H  Ộ  B  Á  N  C  Ầ  U
T  H  Ế  G  I  Ớ  I  Ổ  H  R  A  B  H  H
K  I  N  H  T  U  Y  Ế  N  Q  M  H  O  V
C  O  P  T  H  Ư  Ớ  N  G  T  Â  Y  A  D
```

ĐỘ CAO
ATLAS
THÀNH PHỐ
LỤC ĐỊA
BÁN CẦU
ĐẢO
VĨ ĐỘ
KINH ĐỘ
BẢN ĐỒ
BIỂN

KINH TUYẾN
NÚI
THẾ GIỚI
BẮC
HƯỚNG TÂY
QUỐC GIA
KHU VỰC
SÔNG
PHÍA NAM
LÃNH THỔ

58 - Deportes

```
L  K  P  H  O  N  G  T  R  À  O  S  T  A
C  T  H  Ể  D  Ụ  C  L  O  U  D  Â  R  C
B  D  R  Ú  P  D  Y  P  H  I  D  N  Ọ  P
Ó  T  R  Ò  C  H  Ơ  I  D  H  I  V  N  P
N  G  Ư  Ờ  I  C  H  Ơ  I  A  A  Ậ  G  C
G  C  H  Ứ  C  V  Ô  Đ  Ị  C  H  N  T  G
R  Y  M  I  L  B  X  N  Q  M  N  Đ  À  M
Ổ  K  M  R  I  T  E  G  C  H  Q  Ộ  I  Y
D  Y  G  N  H  Q  Đ  P  D  Ầ  N  N  Y  C
G  L  N  D  A  H  Ạ  I  M  G  U  G  A  G
C  L  O  R  U  S  P  V  U  O  R  L  H  V
V  D  O  K  T  P  I  V  C  L  Ự  C  S  Ĩ
Q  U  Ầ  N  V  Ợ  T  U  C  F  I  L  K  D
B  Ó  N  G  C  H  À  Y  M  Đ  Ộ  I  B  T
```

LỰC SĨ	THỂ DỤC
TRỌNG TÀI	GYMNASIUM
BÓNG RỔ	GOLF
BÓNG CHÀY	KHÚC CÔN CẦU
XE ĐẠP	TRÒ CHƠI
CHỨC VÔ ĐỊCH	NGƯỜI CHƠI
ĐỘI	PHONG TRÀO
SÂN VẬN ĐỘNG	QUẦN VỢT

59 - Actividades

```
N D A K U G A U P A N H H A
M Y A T T R Ò C H Ơ I S O B
A A Đ Ọ C G V Ắ A L B Ă Ạ Ứ
Y N T K C L À M V Ư Ờ N T C
R G H H Â A M T D C C B Đ T
A H Ư G U V P R D Â N Ắ Ộ R
T Ệ G M C Ậ G Ạ A U N N A
I T I A Á U T I H Đ H Y G N
I H Ã K Ỹ N Ă N G Ố I V I H
D U N Đ H G O Y D C Ế I Ả I
R Ậ G B A M H T A Q P Q I M
C T Y R A N L U U M Ả A T A
H À I L Ò N G G V D N H R A
Đ Ồ T H Ủ C Ô N G H H M Í K
```

HOẠT ĐỘNG	ĐỌC
NGHỆ THUẬT	MA THUẬT
ĐỒ THỦ CÔNG	GIẢI TRÍ
CẮM TRẠI	CÂU CÁ
SĂN BẮN	BỨC TRANH
MAY	HÀI LÒNG
NHIẾP ẢNH	THƯ GIÃN
KỸ NĂNG	CÂU ĐỐ
LÀM VƯỜN	ĐAN
TRÒ CHƠI	

60 - Verduras

```
B  Y  H  R  Q  C  À  T  Í  M  M  Y  A  M
Ô  P  V  A  Q  Q  À  Q  R  P  Y  C  T  D
N  Ấ  M  U  Đ  Ậ  U  C  N  T  K  Ủ  I  G
G  C  A  B  L  L  R  Ả  H  G  P  C  S  N
C  Y  Y  I  H  À  N  H  B  U  O  Ả  Ô  D
Ả  C  Ầ  N  T  Â  Y  O  G  Í  A  I  L  Ư
I  U  S  A  L  A  D  H  V  B  N  Y  I  A
X  L  D  H  C  V  C  H  Y  R  I  G  U  C
A  K  H  O  A  I  T  Â  Y  V  M  Ừ  Ô  H
N  T  U  U  A  H  T  C  Ủ  H  Ẹ  N  C  U
H  R  Ỏ  V  C  V  D  K  B  R  Y  G  À  Ộ
K  Y  B  I  M  Ù  I  T  Â  Y  A  A  R  T
C  O  C  I  B  G  Q  G  M  V  I  P  Ố  I
U  V  R  U  C  G  I  L  Q  I  C  Y  T  C
```

TỎI	ĐẬU
ATISÔ	GỪNG
CẦN TÂY	CỦ CẢI
CÀ TÍM	Ô LIU
BÔNG CẢI XANH	KHOAI TÂY
QUẢ BÍ NGÔ	DƯA CHUỘT
HÀNH	MÙI TÂY
CỦ HẸ	NẤM
SALAD	CÀ CHUA
RAU BINA	CÀ RỐT

61 - Instrumentos Musicales

```
B  D  Ư  Ơ  N  G  C  Ầ  M  G  C  N  M  T
Đ  À  N  V  I  Ô  L  Ô  N  G  L  V  A  R
À  I  A  B  K  D  Ụ  P  C  D  A  H  N  O
N  I  L  I  V  B  C  I  U  B  R  P  D  M
H  D  T  M  C  E  L  L  O  A  I  O  O  B
Ạ  O  H  T  O  M  Ạ  O  Q  S  N  V  L  O
C  G  A  U  Đ  O  C  B  R  S  E  N  I  N
I  O  R  K  À  L  P  T  U  O  T  Đ  N  E
K  D  M  T  N  M  A  R  I  M  B  A  Ù  I
I  È  O  P  G  T  S  C  H  I  Ê  N  G  I
D  À  N  N  H  Ạ  C  Á  K  Q  B  Y  O  P
G  Õ  I  K  I  S  A  X  O  P  H  O  N  E
M  L  C  V  T  N  B  Y  B  U  I  R  Q  H
R  G  A  M  A  T  R  Ố  N  G  H  G  Y  H
```

HARMONICA	MARIMBA
ĐÀN HẠC	LỤC LẠC
BASS	GÕ
ĐÙI	DƯƠNG CẦM
CLARINET	SAXOPHONE
DÀN NHẠC	TRỐNG
SÁO	TROMBONE
CHIÊNG	KÈN
ĐÀN GHI TA	ĐÀN VI Ô LÔNG
MANDOLIN	CELLO

62 - Escalada

```
K Y B Q I I Đ V G N Q P A C
H T N T G U S À P H H Q N H
Ô D Y O B R V Ự O D Ẹ V M U
N P H A Ả Y V C T T P Y G Y
G H Ư Ớ N G D Ẫ N Ò Ạ V Ổ Ê
K K N T Đ L A V P V M O N N
H M U A Ồ B Y T P Y Ũ Ò Đ G
Í K V H L U A L Q Y B S Ị I
C H Ấ N T H Ư Ơ N G Ả Ứ N A
C Y O Y K Đ Ộ C A O C H N
V Ậ T L Ý Q Y M P A H M U Y
H A N G Ă N G T A Y I Ạ C G
D C G D V Y P Q Q O Ể N L Y
G I À Y Ố N G V H L M H K T
```

ĐỘ CAO	CHUYÊN GIA
KHÔNG KHÍ	VẬT LÝ
GIÀY ỐNG	ĐÀO TẠO
MŨ BẢO HIỂM	SỨC MẠNH
HANG	GĂNG TAY
SỰ TÒ MÒ	HƯỚNG DẪN
ỔN ĐỊNH	CHẤN THƯƠNG
HẸP	BẢN ĐỒ

63 - Mascotas

```
M  C  Ổ  Á  O  Đ  P  D  D  L  C  C  D  I
È  O  H  M  K  U  U  Ê  C  L  C  O  U  C
O  N  A  Ó  P  G  N  Ô  A  N  G  N  I  H
C  V  M  B  C  Á  D  C  I  B  G  T  K  Ó
O  Ẹ  S  T  R  O  C  H  U  Ộ  T  H  Ổ  B
N  T  T  B  P  O  N  I  C  O  H  Ằ  C  Á
B  T  E  T  T  I  Ư  C  Q  R  Ứ  N  K  C
D  M  R  B  L  T  Ớ  R  P  Q  C  L  K  S
L  C  Ù  N  Ò  T  C  K  Q  O  Ă  Ằ  G  Ĩ
M  Q  Ẩ  A  B  G  N  Q  K  U  N  N  U  T
H  B  O  D  T  B  M  A  Y  Y  P  Q  Q  H
A  P  U  A  H  P  N  N  N  O  P  O  C  Ú
N  C  O  N  M  È  O  B  C  U  M  T  U  Y
A  P  G  I  P  T  K  D  L  H  N  M  R  Q
```

NƯỚC	HAMSTER
DÊ	CON THẰN LẰN
CHÓ CON	CON VẸT
ĐUÔI	CHÓ
CỔ ÁO	CÁ
THỨC ĂN	CHUỘT
THỎ	RÙA
MÈO CON	BÒ
CON MÈO	BÁC SĨ THÚ Y

64 - Formas

```
K I M T Ự T H Á P T B Ê N Y
K L H A N U I P N A B R Ó A
C P U H I H T T I M L Ă N G
G Ầ P L L Q Q V L G A M H H
L D U G K H B Ò P I I G Y Ì
O B M V C C O N H Á Đ N Đ N
C A R K Ò Ạ O G V C Ư A A H
C B Q U Ả N G T R Ư Ờ N G C
U V Q R P H G R G Y N V I H
N K G Ó C T À Ò O V G V Á Ữ
G R K C U U P N N R C U C N
H Ì N H T R Ụ U G R O U Q H
H Y P E R B O L A D N M H Ậ
E L L I P S E Q U U G N R T
```

CUNG
CẠNH
HÌNH TRỤ
VÒNG TRÒN
NÓN
QUẢNG TRƯỜNG
ĐƯỜNG CONG
ELLIPSE
CẦU
GÓC

HYPERBOLA
BÊN
HÀNG
KIM TỰ THÁP
ĐA GIÁC
LĂNG
HÌNH CHỮ NHẬT
VÒNG
TAM GIÁC

65 - Flores

```
P  C  Ỏ  B  A  L  Á  D  A  I  S  Y  H  T
A  L  B  M  D  P  B  Â  U  C  H  P  Ư  Ử
B  A  U  L  H  Y  Ó  M  A  G  O  Q  Ớ  Đ
P  C  Q  M  G  C  H  B  T  A  A  I  N  I
O  Y  K  O  E  Q  O  Ụ  L  R  L  O  G  N
P  Q  C  B  I  R  A  T  P  D  O  G  D  H
P  B  U  U  H  N  I  M  H  E  A  H  Ư  H
Y  C  Á  N  H  H  O  A  O  N  K  O  Ơ  Ư
Q  V  V  K  Q  Y  I  G  N  I  È  A  N  Ơ
B  P  I  B  Ồ  C  Ô  N  G  A  N  H  G  N
U  I  Y  U  Y  D  R  O  L  R  Y  Ồ  G  G
G  A  G  I  C  V  Q  L  A  M  R  N  M  M
G  Y  O  J  A  S  M  I  N  E  H  G  L  B
L  I  Q  H  R  H  O  A  M  Ẫ  U  Đ  Ơ  N
```

POPPY
BỒ CÔNG ANH
GARDENIA
HƯỚNG DƯƠNG
DÂM BỤT
JASMINE
TỬ ĐINH HƯƠNG
HOA LOA KÈN
MAGNOLIA

DAISY
PHONG LAN
HOA MẪU ĐƠN
CÁNH HOA
PLUMERIA
BÓ HOA
HOA HỒNG
CỎ BA LÁ

66 - Astronomía

```
P  N  H  Ậ  T  T  H  Ự  C  Y  L  S  C  M
A  H  À  N  H  T  I  N  H  C  M  I  H  Ặ
T  H  I  Ê  N  H  À  G  B  D  G  Ê  Ò  T
U  C  C  H  T  R  Á  I  Đ  Ấ  T  U  M  T
M  T  C  V  À  T  Ê  N  L  Ử  A  T  S  R
B  R  Q  U  T  N  T  H  I  Ê  N  Â  A  Ă
V  V  Ễ  T  I  N  H  I  U  Y  O  N  O  N
Ũ  N  D  I  U  Y  C  G  O  D  U  T  A  G
T  R  Ọ  N  G  L  Ự  C  I  N  T  I  B  B
R  D  D  H  V  Q  A  Y  D  A  O  N  C  Ứ
Ụ  D  M  V  S  A  O  C  H  Ổ  I  H  L  C
D  R  O  Â  B  V  S  A  O  B  Ă  N  G  X
G  I  O  N  B  Ầ  U  T  R  Ờ  I  Y  G  Ạ
Đ  À  I  Q  U  A  N  S  Á  T  P  H  Â  N
```

PHI HÀNH GIA
THIÊN
BẦU TRỜI
TÊN LỬA
SAO CHỔI
CHÒM SAO
VŨ TRỤ
NHẬT THỰC
PHÂN
THIÊN HÀ

TRỌNG LỰC
MẶT TRĂNG
SAO BĂNG
TINH VÂN
ĐÀI QUAN SÁT
HÀNH TINH
BỨC XẠ
VỆ TINH
SIÊU TÂN TINH
TRÁI ĐẤT

67 - Tiempo

```
T  I  T  U  I  N  G  T  O  P  P  L  U  P
U  O  H  Ư  I  K  K  R  T  V  R  D  P  L
Ằ  G  Ô  Đ  Ơ  N  B  Ư  D  L  Ị  C  H  U
N  Ă  M  Ồ  T  N  Y  Ớ  Đ  K  U  I  Ú  G
O  C  Q  N  H  O  G  C  P  Ê  G  T  T  I
N  C  U  G  Ậ  D  U  L  Y  K  M  C  Q  Ờ
H  G  A  H  P  H  V  B  A  K  H  Q  N  B
T  M  À  Ồ  K  U  B  U  Ổ  I  T  R  Ư  A
Q  M  G  Y  Ỷ  P  B  Ổ  H  Á  N  G  L
H  À  N  G  N  Ă  M  I  T  H  Ế  K  Ỷ  M
C  H  Ố  C  L  Á  T  S  U  M  R  U  G  D
B  Â  Y  G  I  Ờ  N  Á  H  Ô  M  N  A  Y
G  R  N  M  O  K  C  N  R  C  T  B  N  H
P  U  M  D  Q  Q  K  G  P  Y  P  I  O  Y
```

BÂY GIỜ	HÔM NAY
TRƯỚC	BUỔI SÁNG
HÀNG NĂM	BUỔI TRƯA
NĂM	THÁNG
HÔM QUA	PHÚT
LỊCH	CHỐC LÁT
THẬP KỶ	ĐÊM
NGÀY	ĐỒNG HỒ
TƯƠNG LAI	TUẦN
GIỜ	THẾ KỶ

68 - Paisajes

```
V  O  T  I  V  Ị  N  H  Y  H  H  Q  K  S
A  V  I  M  Á  D  Ú  C  V  V  H  N  U  Ô
K  H  O  U  C  K  I  Đ  V  O  M  C  O  N
V  P  K  T  H  Q  L  P  Ầ  Q  C  M  B  G
I  R  Q  M  Đ  T  Ử  K  A  M  Q  C  Ã  B
I  I  N  T  Á  C  A  Ố  B  Y  N  Ú  I  Ă
T  Đ  Ầ  M  L  Ầ  Y  C  U  Q  B  U  B  N
Q  H  Ồ  M  Đ  Q  L  Đ  B  R  Á  I  I  G
G  B  Á  Q  Ả  G  A  Ả  S  Ô  N  G  Ể  R
V  M  L  C  O  B  T  O  U  B  Đ  Y  N  N
O  L  L  D  N  S  A  M  Ạ  C  Ả  P  P  Y
K  U  D  G  R  Ư  H  A  N  G  O  P  I  M
H  K  D  C  Y  Y  Ớ  D  A  B  K  O  A  A
I  U  U  R  P  O  K  C  Ử  A  S  Ô  N  G
```

VÁCH ĐÁ	ĐẦM
THÁC NƯỚC	BIỂN
HANG	NÚI
SA MẠC	ỐC ĐẢO
CỬA SÔNG	ĐẦM LẦY
SÔNG BĂNG	BÁN ĐẢO
VỊNH	BÃI BIỂN
ĐẢO	SÔNG
HỒ	NÚI LỬA

69 - Días y Meses

```
N  B  L  H  T  U  Ầ  N  H  T  T  K  K  T
G  A  R  C  H  Ủ  N  H  Ậ  T  L  Ị  C  H
À  D  B  B  Ứ  Q  K  R  U  M  K  N  Q  Ứ
Y  M  G  D  B  K  T  H  Ứ  T  Ư  N  A  H
B  M  B  T  Ả  T  H  Á  N  G  T  Ư  U  A
D  D  L  Q  Y  M  Á  T  H  Ứ  N  Ă  M  I
T  H  Á  N  G  K  N  H  H  C  A  T  Q  T
H  H  D  C  Ă  D  G  Á  T  Á  T  C  G  H
Á  T  Á  K  U  M  M  N  H  A  N  N  U  Á
N  H  N  N  Q  M  Ư  G  Ứ  R  G  G  K  N
G  Ứ  Y  M  G  A  Ờ  S  S  N  O  G  9  G
H  B  N  Q  Y  1  I  Á  Á  M  U  H  H  M
A  A  O  B  O  Q  2  U  U  V  Y  H  R  Ộ
I  T  H  Á  N  G  B  Ả  Y  Y  U  N  D  T
```

THÁNG TƯ	THÁNG SÁU
NGÀY	THỨ HAI
NĂM	THỨ BA
LỊCH	THÁNG
THÁNG 12	THỨ TƯ
CHỦ NHẬT	THÁNG MƯỜI
THÁNG MỘT	THỨ BẢY
THÁNG HAI	TUẦN
THỨ NĂM	THÁNG 9
THÁNG BẢY	THỨ SÁU

70 - Chocolate

```
I  A  H  I  C  Q  O  K  I  G  Y  Y  T  G
P  G  Q  U  A  K  D  V  Đ  K  R  Ê  H  B
N  L  P  B  L  O  Đ  K  Ư  Q  L  U  À  I
N  Y  V  B  O  M  U  Ắ  Ờ  B  A  T  N  M
H  V  Ị  Ộ  I  V  M  A  N  N  N  H  H  L
C  H  Ấ  T  L  Ư  Ợ  N  G  G  T  Í  P  Y
B  I  C  D  L  I  M  G  G  O  I  C  H  N
D  P  A  A  G  T  T  O  D  P  O  H  Ầ  V
K  Ừ  C  D  R  A  D  N  C  U  X  B  N  K
G  G  A  K  T  A  N  Y  O  P  I  H  Q  Ỳ
Y  Q  O  V  B  M  M  G  O  Y  D  A  N  L
H  Ư  Ơ  N  G  V  Ị  E  L  K  A  N  P  Ạ
Đ  Ậ  U  P  H  Ộ  N  G  L  P  N  G  Ọ  T
C  Ô  N  G  T  H  Ứ  C  U  Q  T  H  Ơ  M
```

ĐẮNG	NGON
ANTIOXIDANT	NGỌT
THƠM	KỲ LẠ
ĐƯỜNG	YÊU THÍCH
ĐẬU PHỘNG	VỊ
CACAO	THÀNH PHẦN
CHẤT LƯỢNG	BỘT
CALO	CÔNG THỨC
CARAMEL	HƯƠNG VỊ
DỪA	

71 - Barbacoas

```
Y B H P D T T B P N B Y M P
I Ữ L Â I I R T Ữ R H N O D
D A O M P Ê Ẻ A V A N Ó N G
Y T N N U U E R T M T M L N
L Ố Q H I Ố M H À N H R N C
V I K Ạ Đ Ó I G H N G L Ư I
N Ư Ớ C X Ố T N I G Y H Ớ A
T R Ò C H Ơ I C U A O T N P
N R U M B G S M O L Đ R G D
A A R G T G A K N N K Ì P H
H U A O I L L M H N O U N C
N D H O L B A M Ù A H È H H
C À C H U A D C I M A I A O
G À Y O B U S T R Á I C Â Y
```

BỮA TRƯA   ÂM NHẠC
NÓNG   TRẺ EM
HÀNH   NƯỚNG
BỮA TỐI   TIÊU
DAO   GÀ
SALADS   MUỐI
GIA ĐÌNH   NƯỚC XỐT
TRÁI CÂY   CÀ CHUA
ĐÓI   MÙA HÈ
TRÒ CHƠI   RAU

72 - Ropa

```
T O A K I N P A I Y Q L V Y
P H L T H Ắ T L Ư N G G Ò V
H D Ờ O L Ă D N U T T Ă N B
T U K I N P N Á O L E N G Y
T L A H T H L Q U Ầ N G T R
Á R Y V G R O V U V Ớ T A M
O P A J A M A Ò L À C A Y Ũ
S T O N G B I N B I N Y O U
Ơ B H K G Q Y G G L D G H C
M M G O O S Q C T P L Y C V
I G I À Y V Ứ Ổ T Ạ P D Ề Ổ
Á O K H O Á C C Á O C Á N H
P K I L U Y G H H K R Ă N O
D B D M Q D K H D B T D É P
```

ÁO CÁNH	TRANG SỨC
KHĂN QUÀNG CỔ	THỜI TRANG
VỚ	QUẦN
ÁO SƠ MI	PAJAMA
ÁO KHOÁC	VÒNG TAY
THẮT LƯNG	DÉP
VÒNG CỔ	MŨ
TẠP DỀ	ÁO LEN
VÁY	ĂN
GĂNG TAY	GIÀY

73 - Meditación

```
S  U  Y  N  G  H  Ĩ  Y  L  Í  T  R  Í  I
T  H  Ở  K  U  H  U  L  Ò  N  G  T  Ố  T
C  H  Ấ  P  N  H  Ậ  N  N  U  Q  H  Â  H
I  G  A  Q  H  D  D  A  G  Y  V  Ò  M  Ư
T  O  P  I  O  O  T  Y  B  I  O  A  N  Ơ
Ư  T  H  I  Ê  N  N  H  I  Ê  N  B  H  N
T  I  M  L  Ặ  N  G  G  Ế  H  Y  Ì  Ạ  G
H  I  C  B  M  T  Â  M  T  H  Ầ  N  C  H
Ế  A  P  H  Y  L  A  B  Ơ  R  U  H  C  Ạ
Q  U  A  N  S  Á  T  I  N  Õ  À  R  Ả  I
C  H  Ú  Ý  Y  L  Ặ  N  G  R  T  O  M  R
Q  U  A  N  Đ  I  Ể  M  P  À  O  G  X  C
D  Y  L  U  T  H  L  D  U  N  O  I  Ú  H
V  O  B  B  Y  H  O  D  A  G  N  O  C  Y
```

CHẤP NHẬN	PHONG TRÀO
CHÚ Ý	ÂM NHẠC
LÒNG TỐT	THIÊN NHIÊN
LẶNG	QUAN SÁT
RÕ RÀNG	HÒA BÌNH
THƯƠNG HẠI	SUY NGHĨ
CẢM XÚC	QUAN ĐIỂM
LÒNG BIẾT ƠN	TƯ THẾ
TÂM THẦN	THỞ
LÍ TRÍ	IM LẶNG

74 - Libros

```
C Ó L I Ê N Q U A N B K L C
L D D M G L K S P G I D O Â
P I G D V Ị R Á V Â K V Ạ U
P U B Ố I C Ả N H M Ị Ă T C
N P Ộ A Ế H U G R O C N U H
L G S V T S C T K V H H T U
H H Ư Y H Ử G Ạ H É L Ọ G Y
T K U Ờ À T Ừ O A M O C U Ễ
B Y T Q I R M D C D U D B N
T M Ậ Q H Đ I I P P I T À O
T R P O Ư L Ọ T H Ơ M A I I
D Q A N Ớ T Á C G I Ả N T T
N I M N C B U C A K O T H M
P Q A U G B O K A N D D Ơ H
```

TÁC GIẢ

BỘ SƯU TẬP

BỐI CẢNH

KÉO DÀI

VIẾT

CÂU CHUYỆN

LỊCH SỬ

HÀI HƯỚC

NGÂM

SÁNG TẠO

NGƯỜI ĐỌC

VĂN HỌC

TỪ

TRANG

CÓ LIÊN QUAN

BÀI THƠ

THƠ

LOẠT

BI KỊCH

75 - Nutrición

```
H P R O T E I N M Đ C O Q N
Q Ư Q G K H U Q T Ộ U C R G
Q C Ơ V P D Ó C T C A L O O
C A N N V B N I V T C I G N
H R N U G N R Đ Q Ố C L V N
Ấ B Ư C K V V Ắ A U O V T G
T O Ớ K R H Ị N V U E M T Ũ
L H C S C A H G I H L N G C
Ư Y X Ứ U Â Ă N K I Ê N G Ố
Ợ D Ố C Â N N Ặ N G N H B C
N R T K U P Đ B M B M U H Y
G A M H V P Ư Y Ằ B E T I H
H T L Ỏ L H Ợ L G N N B V O
Q E C E R U C B M O G O V V
```

ĐẮNG
NGON
CHẤT LƯỢNG
CALO
CARBOHYDRATE
NGŨ CỐC
ĂN ĐƯỢC
ĂN KIÊNG
CÂN BẰNG

LÊN MEN
THÓI QUEN
CÂN NẶNG
PROTEIN
HƯƠNG VỊ
NƯỚC XỐT
SỨC KHỎE
ĐỘC TỐ

76 - Bondad

```
T V M M C R T U V R L Q O T
Y Ê U T H Ư Ơ N G U L H B R
Đ R Ộ N G L Ư Ợ N G I L K U
Á N A Y C P A K D P K V L N
N H I T H Â N T H I Ệ N Ẻ G
G Ậ V G B Ã O Q V V T P O T
T N A N G N Q O O Ô U R H
I U O D M H P G R G N Y C Ự
N K I Ê N N H Ẫ N T T U K C
C H I Ế U K H Á C H R D B L
Ậ K H O A N D U N G Ọ Q N C
Y Y Y O O R A V L V N B H H
Y D R G I Y V B C N G P L Ú
B B C B H Ữ U Í C H I Ể U Ý
```

THÂN THIỆN	TRUNG THỰC
YÊU THƯƠNG	HIẾU KHÁCH
CHÚ Ý	KIÊN NHẪN
HIỂU	NHẬN
VUI VẺ	TÔN TRỌNG
ĐÁNG TIN CẬY	KHOAN DUNG
RỘNG LƯỢNG	HỮU ÍCH
HÃNG	

77 - Edificios

```
B Ẽ N H V I Ễ N T G S N Đ O
N Ô N G T R Ạ I H V I H Ạ H
Đ À I Q U A N S Á T Ê À I C
R A U I K A D I P K U M S G
V A Q D Ý D G O Y H T Á Ứ A
R Đ T C T Q N Y A Á H Y Q R
I Ạ R Ă Ú P K O Q C Ị H U I
U I P N C B V T Q H K V Á L
V H I H X Ả M Ự U S V L N B
A Ọ O Ộ Á O L R A Ạ B Â G A
M C I Y L T A M U N R U A T
O Q C R C À V R R L H Đ R A
S Â N V Ậ N Đ Ộ N G D À A I
T R Ư Ờ N G H Ọ C A B I N G
```

KÝ TÚC XÁ
CĂN HỘ
CABIN
NHÀ
LÂU ĐÀI
ĐẠI SỨ QUÁN
TRƯỜNG HỌC
SÂN VẬN ĐỘNG
NHÀ MÁY
GA-RA

VỰA
NÔNG TRẠI
BỆNH VIỆN
KHÁCH SẠN
BẢO TÀNG
ĐÀI QUAN SÁT
SIÊU THỊ
RẠP HÁT
THÁP
ĐẠI HỌC

78 - Océano

```
Q  B  A  B  L  S  Ứ  A  K  A  U  L  K  H
G  O  A  B  Y  A  R  O  O  I  D  V  D  M
N  P  K  O  C  N  P  R  H  D  N  T  A  A
O  I  L  T  V  H  À  U  R  T  R  C  P  Y
A  T  T  Ô  M  Ô  N  I  C  R  R  Á  N  B
T  I  C  Ả  L  R  Q  I  Á  Ả  U  N  B  A
B  H  Á  Q  O  D  G  A  H  L  O  G  Ọ  Q
K  Ã  Ủ  Y  B  Y  T  C  E  Ạ  T  Ừ  T  V
R  M  O  Y  T  C  Á  V  O  I  H  N  B  R
I  G  H  T  T  L  Ư  Ơ  N  M  U  Ố  I  R
P  P  I  G  Á  R  Ù  A  M  C  Y  U  Ể  B
P  C  Á  M  Ậ  P  I  M  U  L  Ề  B  N  R
R  V  C  Y  R  Y  R  Ề  C  M  N  T  V  C
B  Ạ  C  H  T  U  Ộ  C  U  A  T  K  N  V
```

TẢO	BỌT BIỂN
LƯƠN	THỦY TRIỀU
TRẢ LẠI	SỨA
CÁ NGỪ	HÀU
CÁ VOI	CÁ
THUYỀN	BẠCH TUỘC
TÔM	MUỐI
CUA	CÁ MẬP
SAN HÔ	BÃO TÁP
CÁ HEO	RÙA

79 - Ciudad

```
T  C  S  Ở  T  H  Ú  R  Ạ  P  H  Á  T  H
I  Ử  Â  Â  I  C  G  K  O  P  I  Q  H  I
Ễ  A  N  T  N  G  Â  N  H  À  N  G  Ị  Ễ
M  H  B  H  K  V  K  V  T  C  Y  V  T  U
T  À  A  Ư  T  L  Ậ  H  O  D  L  P  R  S
H  N  Y  V  N  G  H  N  Á  L  P  G  Ư  Á
U  G  B  I  H  Y  Q  M  Đ  C  H  P  Ờ  C
Ố  K  Ộ  Ễ  A  P  G  B  V  Ộ  H  C  N  H
C  I  S  N  Y  V  B  Y  Ả  A  N  S  G  Y
N  G  Ư  Ờ  I  B  Á  N  H  O  A  G  Ạ  D
D  M  U  Đ  Ạ  I  H  Ọ  C  H  T  I  D  N
P  H  T  R  Ư  Ờ  N  G  H  Ọ  C  À  N  D
N  C  Ậ  S  I  Ê  U  T  H  Ị  U  V  N  A
P  K  P  S  A  L  O  N  H  T  U  G  D  G
```

SÂN BAY	HIỆU SÁCH
NGÂN HÀNG	THỊ TRƯỜNG
THƯ VIỆN	BẢO TÀNG
TRƯỜNG HỌC	SALON
SÂN VẬN ĐỘNG	SIÊU THỊ
TIỆM THUỐC	RẠP HÁT
NGƯỜI BÁN HOA	CỬA HÀNG
BỘ SƯU TẬP	ĐẠI HỌC
KHÁCH SẠN	SỞ THÚ

80 - Conservación

```
Ô  Q  T  A  O  H  X  K  B  S  V  K  K  N
B  N  T  K  H  N  E  H  Ề  Ứ  K  V  K  Y
U  H  H  H  G  D  Đ  Í  N  C  M  T  A  U
U  Ễ  U  I  T  T  Ạ  H  V  K  R  B  P  Y
P  S  Ố  T  Ễ  H  P  Ậ  Ữ  H  H  Q  V  T
K  I  C  Á  Ự  M  V  U  N  Ỏ  M  N  D  H
N  N  T  I  B  N  T  N  G  E  L  C  U  A
Ư  H  R  C  Y  M  H  I  T  G  U  K  L  Y
Ớ  T  Ừ  H  H  H  G  I  Á  O  D  Ụ  C  Đ
C  H  S  Ế  G  I  Ả  M  Ê  U  K  K  M  Ổ
O  Á  Â  I  P  U  T  X  A  N  H  N  K  I
V  I  U  Y  I  Y  L  O  Q  H  Ữ  U  C  Ơ
M  Ô  I  T  R  Ư  Ờ  N  G  V  Q  L  Y  G
U  N  O  T  Ì  N  H  N  G  U  Y  Ễ  N  C
```

NƯỚC

HỮU CƠ

MÔI TRƯỜNG

THUỐC TRỪ SÂU

THAY ĐỔI

TÁI CHẾ

XE ĐẠP

GIẢM

KHÍ HẬU

SỨC KHỎE

Ô NHIỄM

BỀN VỮNG

HỆ SINH THÁI

XANH

GIÁO DỤC

TÌNH NGUYỆN

TỰ NHIÊN

81 - Actividades y Ocio

```
L  G  Q  I  A  N  V  O  V  K  C  L  B  Q
H  B  O  U  R  G  C  G  U  K  D  D  Ó  U
T  C  L  L  Ư  Ớ  T  H  Ư  G  I  Ã  N  Ầ
Q  A  I  T  F  L  U  C  Â  U  C  Á  G  N
G  L  B  Ó  N  G  Đ  Á  Ắ  C  B  R  R  V
L  À  M  V  Ư  Ờ  N  D  M  M  U  Y  Ổ  Ợ
Ặ  Q  U  Y  Ề  N  A  N  H  O  T  H  A  T
N  G  A  B  Ó  N  G  C  H  À  Y  R  H  B
O  T  S  Ở  T  H  Í  C  H  D  U  I  Ạ  Ơ
K  D  Ắ  B  Ó  N  G  C  H  U  Y  Ề  N  I
A  Q  M  L  T  P  A  T  T  L  N  A  L  L
I  P  D  R  R  I  P  H  I  Ị  Y  B  V  Ộ
B  Ứ  C  T  R  A  N  H  R  C  B  Q  Y  I
N  G  H  Ệ  T  H  U  Ậ  T  H  C  U  P  G
```

SỞ THÍCH
NGHỆ THUẬT
BÓNG RỔ
BÓNG CHÀY
QUYỀN ANH
LẶN
CẮM TRẠI
MUA SẮM
BÓNG ĐÁ
GOLF

LÀM VƯỜN
BƠI LỘI
CÂU CÁ
BỨC TRANH
THƯ GIÃN
LƯỚT
QUẦN VỢT
DU LỊCH
BÓNG CHUYỀN

82 - Comida #1

```
C N O S D P Y I D B Q G O T
T Ủ I Ú L Â T Ỏ I M U Ố I V
C O C P T P U B U A Ế U D L
U R B Ả M S O T T H Ị T A N
Q O L Y I A G Q Â U B I C H
R P R D M L I Y O Y H N Á Y
A L T A A A V C G Đ Ư Ờ N G
U R O H R D H T C Y N T G M
B Ạ C H À C Q À B H Ư O Ừ U
I T G K Y H N H N M Ớ O I L
N C Y L Ú A M Ạ C H C Y K P
A C A Ê C N Y D N L É I L B
C À R Ố T H T A G O P Q R Q
H Ú N G Q U Ế O S Ữ A M K P
```

TỎI	DÂU TÂY
HÚNG QUẾ	NƯỚC ÉP
CÁ NGỪ	SỮA
ĐƯỜNG	CHANH
QUẾ	BẠC HÀ
THỊT	CỦ CẢI
LÚA MẠCH	LÊ
HÀNH	MUỐI
SALAD	SÚP
RAU BINA	CÀ RỐT

83 - Virtudes #1

```
Y  H  R  R  K  H  Ô  N  N  G  O  A  N  N
Q  I  G  Ộ  I  Đ  K  V  N  I  U  T  A  G
U  Ễ  I  N  Ê  Ộ  P  K  I  L  I  R  R  H
Y  U  T  G  N  C  P  H  C  M  M  V  O  Ễ
Ế  Q  H  L  N  L  C  T  T  G  T  Q  N  T
T  U  Ô  Ư  H  Ậ  Q  U  Y  Ế  N  R  Ũ  H
Đ  Ả  N  Ợ  Ã  P  N  I  Q  H  A  H  B  U
Ị  A  G  N  N  T  Ố  T  C  V  Q  P  P  Ậ
N  Q  M  G  L  K  H  D  Ọ  N  D  Ẹ  P  T
H  T  I  M  Y  R  Ự  H  Ữ  U  Í  C  H
K  O  N  L  Ê  D  V  O  C  L  I  M  H  C
M  K  H  I  Ê  M  T  Ố  N  T  Q  A  C  L
Đ  Á  N  G  T  I  N  C  Ậ  Y  Ế  H  I  V
L  R  L  U  R  M  T  Ò  M  Ò  I  K  V  R
```

ĐAM MÊ   ĐỘC LẬP
NGHỆ THUẬT   THÔNG MINH
TỐT   DỌN DẸP
TÒ MÒ   KHIÊM TỐN
QUYẾT ĐỊNH   KIÊN NHẪN
HIỆU QUẢ   THỰC TẾ
QUYẾN RŨ   KHÔN NGOAN
ĐÁNG TIN CẬY   HỮU ÍCH
RỘNG LƯỢNG

84 - Literatura

```
T  R  V  O  U  R  K  V  K  O  Y  P  Ẩ  A
Á  Q  T  I  Ể  U  T  H  U  Y  Ế  T  N  Y
C  V  P  D  Ễ  T  L  D  G  G  T  O  D  M
G  Ý  K  I  Ế  N  N  G  I  M  I  U  Ụ  H
I  V  T  B  À  I  T  H  Ơ  C  Ể  K  A  Ộ
Ả  B  P  B  R  R  H  Ư  Ị  U  U  M  P  I
S  Ự  M  I  Ê  U  T  Ả  Ở  P  S  S  H  T
T  G  H  K  D  C  H  L  U  N  Ử  O  O  H
Ư  C  H  Ủ  Đ  Ề  Ơ  Q  G  O  G  S  N  O
Ơ  O  R  O  V  Q  C  B  C  Q  T  Á  G  Ạ
N  P  H  Ầ  N  K  Ế  T  L  U  Ậ  N  C  I
G  I  A  I  T  H  O  Ạ  I  V  O  H  Á  P
T  P  H  Â  N  T  Í  C  H  Y  Ầ  L  C  R
Ự  B  I  K  Ị  C  H  H  C  H  P  N  H  I
```

TƯƠNG TỰ	VIỄN TƯỞNG
PHÂN TÍCH	ẨN DỤ
GIAI THOẠI	TIỂU THUYẾT
TÁC GIẢ	Ý KIẾN
TIỂU SỬ	BÀI THƠ
SO SÁNH	THƠ
PHẦN KẾT LUẬN	VẦN
SỰ MIÊU TẢ	NHỊP
HỘI THOẠI	CHỦ ĐỀ
PHONG CÁCH	BI KỊCH

85 - Baño

```
V  Y  P  X  A  G  B  Ồ  N  T  Ắ  M  T  N
Ò  Ò  G  À  Y  Q  T  Ọ  H  O  O  M  R  Ư
I  O  I  P  V  Y  G  Q  T  K  H  R  N  Ớ
D  P  M  H  L  B  O  N  G  B  Ó  N  G  C
T  L  L  Ò  O  V  Y  T  T  D  I  B  Ư  H
I  O  Y  N  T  A  V  C  V  H  O  Ể  Ơ  O
Q  A  K  G  I  M  S  I  C  K  Ả  Q  N  A
T  T  U  T  O  L  K  E  V  K  L  M  G  H
M  A  T  C  N  M  H  K  N  O  Y  C  V  Y
D  Ầ  U  G  Ộ  I  Ă  H  Ư  L  M  Y  M  I
O  Ù  L  H  Ơ  I  N  Ư  Ớ  C  I  I  O  L
L  K  K  R  H  K  É  O  C  O  T  Y  R  P
G  K  K  D  V  C  I  I  T  L  U  Y  I  A
N  H  À  V  Ệ  S  I  N  H  V  A  G  K  Q
```

NƯỚC	BỌT BIỂN
THẢM	VÒI
NHÀ VỆ SINH	XÀ PHÒNG
BỒN TẮM	LOTION
BONG BÓNG	NƯỚC HOA
DẦU GỘI	KÉO
VÒI HOA SEN	KHĂN
GƯƠNG	HƠI NƯỚC

86 - Clima

```
C  Q  Y  Q  B  K  H  Í  H  Ậ  U  T  N  S
Ơ  Ầ  M  G  B  P  Q  Ạ  K  Y  B  U  H  Ấ
N  N  U  K  K  S  Ư  Ơ  N  G  M  Ù  I  M
B  H  P  V  H  É  G  M  I  H  Đ  L  Ệ  S
Ã  I  U  K  Ồ  T  N  O  D  U  Á  I  T  É
O  Ệ  K  H  Ô  N  G  K  H  Í  M  N  Đ  T
M  T  H  G  Q  L  G  I  Ó  L  M  Ư  Ộ  I
T  Đ  Ô  I  I  Ố  Ũ  Q  Y  B  Â  Ớ  Y  V
C  Ớ  O  Ó  G  C  V  L  M  Ã  Y  C  U  A
Ự  I  L  M  C  X  H  I  Ụ  O  N  Đ  H  N
C  L  C  Ù  D  O  C  M  K  T  U  Á  H  V
B  G  K  A  Q  Á  P  K  U  Á  O  U  V  Q
R  T  T  A  M  Y  H  L  U  P  A  B  O  G
M  D  H  T  R  B  Ầ  U  T  R  Ờ  I  N  L
```

CẦU VỒNG	CỰC
KHÔNG KHÍ	SÉT
BẦU TRỜI	KHÔ
KHÍ HẬU	HẠN HÁN
NƯỚC ĐÁ	NHIỆT ĐỘ
CƠN BÃO	BÃO TÁP
LŨ LỤT	LỐC XOÁY
GIÓ MÙA	NHIỆT ĐỚI
SƯƠNG MÙ	SẤM SÉT
ĐÁM MÂY	GIÓ

87 - Comida #2

```
C  V  V  P  G  A  B  S  G  Q  Y  H  T  H
B  A  V  Y  À  Ạ  U  Ô  G  Q  H  R  L  Ạ
P  Y  I  T  G  Y  O  C  N  T  R  C  Q  N
R  H  N  K  Y  L  Y  Ô  L  H  B  Q  K  H
Y  C  Ô  A  U  Y  H  L  G  R  Y  L  R  N
H  C  R  M  T  K  L  A  C  H  U  Ố  I  H
Y  U  O  U  A  V  H  D  À  Ầ  K  C  L  Â
C  L  U  Q  C  I  R  N  C  Q  N  N  C  N
L  Q  U  Ả  K  I  W  I  H  L  H  T  Á  O
Ú  H  T  Y  T  H  R  M  U  H  O  T  Â  G
A  U  K  R  R  H  T  N  A  G  Ừ  N  G  Y
M  P  Y  M  Ứ  G  C  À  T  Í  M  O  H  V
Ì  R  B  Á  N  H  M  Ì  A  T  I  S  Ô  Q
H  Ư  Ớ  N  G  D  Ư  Ơ  N  G  B  R  L  O
```

ATISÔ   QUẢ KIWI
HẠNH NHÂN   TÁO
CẦN TÂY   BÁNH MÌ
GẠO   CHUỐI
CÀ TÍM   GÀ
SÔ CÔ LA   PHÔ MAI
HƯỚNG DƯƠNG   CÀ CHUA
TRỨNG   LÚA MÌ
GỪNG   NHO

88 - Castillos

```
A  Đ  Ế  C  H  Ế  G  U  T  H  Q  Y  H  C
R  V  U  N  Á  B  V  T  Ư  H  A  N  I  Ô
P  M  U  V  B  I  G  T  ờ  P  Á  T  Ẽ  N
K  Y  O  C  U  R  K  K  N  Q  N  P  P  G
N  A  K  T  M  D  Y  H  G  M  O  L  S  C
T  R  I  Ề  U  Đ  Ạ  I  I  B  G  Q  Ĩ  H
P  H  Á  O  Đ  À  I  Á  R  Ê  D  R  G  Ú
R  H  O  D  T  O  L  O  R  Ồ  N  G  R  A
I  U  H  À  C  U  N  G  Đ  I  Ễ  N  A  T
O  V  Ư  Ơ  N  G  M  I  Ệ  N  T  O  L  D
R  Q  Q  B  G  G  B  Á  H  A  L  B  M  N
I  T  P  K  Ự  K  T  P  M  K  Ỳ  L  Â  N
Y  M  H  K  A  G  H  Ử  O  T  O  E  L  D
C  A  T  A  P  U  L  T  B  T  G  H  K  O
```

ÁO GIÁP
HIỆP SĨ
NGỰA
CATAPULT
VƯƠNG MIỆN
TRIỀU ĐẠI
RỒNG
CÁI KHIÊN
PHÁO ĐÀI

ĐẾ CHẾ
NOBLE
CUNG ĐIỆN
TƯỜNG
CÔNG CHÚA
HOÀNG TỬ
THÁP
KỲ LÂN

89 - Arte

```
I  Đ  T  H  Ơ  Q  M  B  C  H  Ủ  Đ  Ề  D
T  A  Ơ  R  I  I  I  P  V  Á  A  Q  L  O
B  A  I  N  U  C  Ả  M  H  Ứ  N  G  H  Q
O  K  Q  T  G  N  Đ  I  Ê  U  K  H  Ắ  C
G  Ố  M  R  K  I  G  G  N  O  I  T  Â  D
K  B  Y  Ự  T  M  Ả  T  R  P  P  H  D  N
K  U  B  C  Â  P  B  N  H  O  H  À  P  M
T  B  I  Q  M  R  D  B  T  Ự  Ứ  N  I  G
B  I  Ể  U  T  Ư  Ợ  N  G  Ố  C  H  T  G
R  M  U  A  R  K  M  G  U  Y  T  P  B  Q
L  Q  H  N  Ạ  N  B  K  V  D  Ạ  H  M  N
G  U  I  M  N  Y  G  T  P  D  P  Ầ  A  R
M  C  Ẽ  M  G  G  U  L  Y  O  M  N  R  G
H  Q  N  Q  T  N  R  Q  H  Y  N  Q  A  G
```

GỐM   GỐC
PHỨC TẠP   CÁ NHÂN
THÀNH PHẦN   THƠ
ĐIÊU KHẮC   ĐƠN GIẢN
BIỂU HIỆN   BIỂU TƯỢNG
TRUNG THỰC   CHỦ ĐỀ
TÂM TRẠNG   TRỰC QUAN
CẢM HỨNG

90 - Herbomitería

```
M Q L Y Y C G B Ạ C H À V L
H Ú N G Q U Ế I V U T R Ư Á
Ư C K T M U Q Q Ấ B Ỏ O Ờ K
Ơ D V M A Ù C Y R M I S N I
N Y M L Q D I I G O O E B N
G M O B M Ẩ M T H Ự C M Y H
V V T A V M I I Â H O A T G
Ị T N G H Ệ T Â Y Y H R T I
O T H Ì L À X A N H P Y I Ớ
C H T Ơ R A U T H Ì L À N I
I Q O M M C H Ấ T L Ư Ợ N G
H O A O Ả I H Ư Ơ N G C Q K
T H Ự C V Ậ T N C G R I N P
G M P T H À N H P H Ầ N H G
```

TỎI	THÀNH PHẦN
HÚNG QUẾ	VƯỜN
THƠM	HOA OẢI HƯƠNG
NGHỆ TÂY	LÁ KINH GIỚI
CHẤT LƯỢNG	BẠC HÀ
ẨM THỰC	MÙI TÂY
RAU THÌ LÀ	THỰC VẬT
GIẤM	ROSEMARY
HOA	HƯƠNG VỊ
THÌ LÀ	XANH

91 - Verano

```
K  L  D  U  L  Ị  C  H  H  N  B  H  O  N
T  N  A  L  R  A  I  Ắ  H  Q  Q  B  K  R
T  H  I  Q  Q  V  L  Â  M  N  H  Ạ  C  K
I  V  Ư  I  L  Y  Ặ  V  B  T  R  A  H  O
G  Ư  G  G  B  Ạ  N  B  È  C  R  N  A  T
I  Ờ  Y  I  I  C  I  N  Y  M  H  Ạ  I  T
Ả  N  T  A  A  Ã  D  É  P  Q  O  S  I  H
I  I  P  Đ  U  H  N  L  H  V  N  A  U  Ứ
T  Ề  L  Ì  U  G  S  Á  C  H  G  O  Q  C
R  M  H  N  B  Ã  I  B  I  Ể  N  H  I  Ă
Í  V  Q  H  D  B  U  B  C  B  I  Ể  N  N
N  U  T  R  Ò  C  H  Ơ  I  N  N  U  A  L
T  I  I  Q  U  T  V  V  U  G  Q  H  R  N
K  Ỳ  N  G  H  Ỉ  L  Q  G  K  R  H  À  G
```

NIỀM VUI   SÁCH
BẠN BÈ   BIỂN
LẶN   ÂM NHẠC
CẮM TRẠI   GIẢI TRÍ
THỨC ĂN   BÃI BIỂN
SAO   THƯ GIÃN
GIA ĐÌNH   DÉP
NHÀ   KỲ NGHỈ
VƯỜN   DU LỊCH
TRÒ CHƠI

92 - Insectos

```
I  R  B  B  C  O  D  P  B  Ọ  C  H  É  T
Y  A  V  Ọ  L  O  U  G  A  N  À  T  Q  G
Y  M  Y  C  Q  A  N  P  P  P  O  P  V  T
D  Q  R  Á  D  V  D  O  U  A  C  C  U  O
H  P  H  N  C  B  V  Y  N  Y  À  C  C  B
O  Y  A  H  I  N  C  H  B  G  O  P  H  Q
R  P  Y  C  C  U  K  C  Ư  U  N  B  Â  A
N  Ẽ  K  Ứ  V  K  O  O  Ớ  Y  G  Ư  U  R
E  P  P  N  G  I  Á  N  M  Y  B  Ớ  C  L
T  H  Y  G  U  Ế  P  V  Ố  R  Ọ  M  H  Y
O  N  R  Q  V  N  N  E  I  Q  N  Đ  Ấ  A
Ấ  U  T  R  Ù  N  G  S  Â  U  G  Ê  U  L
U  B  R  P  V  B  P  Ằ  Q  H  Ự  M  V  H
K  L  L  L  K  R  M  U  Ỗ  I  A  D  G  D
```

CON ONG   ẤU TRÙNG
ONG   BỌ NGỰA
HORNET   BƯỚM
RỆP   LADYBUG
CON VE SẦU   MUỖI
GIÁN   BƯỚM ĐÊM
BỌ CÁNH CỨNG   BỌ CHÉT
SÂU   CHÂU CHẤU
KIẾN   MỐI
CÀO CÀO

93 - Especias

```
I  R  R  B  N  L  Q  V  N  B  C  C  M  V
P  I  R  D  C  A  M  T  H  Ả  O  À  R  D
Q  U  Ế  T  Ỏ  I  M  L  Ụ  G  D  P  R  A
L  N  G  H  Ệ  T  Â  Y  C  M  L  L  D  I
Q  G  G  Ư  P  I  I  N  Đ  Ắ  N  G  T  B
Q  Ọ  T  Ơ  P  Ê  L  Q  Ậ  H  À  N  H  G
P  T  T  N  T  U  C  Y  U  N  C  A  Ì  Y
G  P  Q  G  Ớ  P  V  U  K  B  Â  K  L  U
O  A  Q  V  C  T  C  P  H  B  Y  H  À  K
T  B  B  Ị  H  I  C  V  Ấ  U  T  O  M  R
G  Ừ  N  G  U  I  R  Ự  U  L  H  D  U  K
D  T  P  V  A  N  I  D  A  U  Ì  T  Ố  G
C  Â  Y  H  Ồ  I  Q  P  V  G  L  H  I  I
Đ  I  N  H  H  Ư  Ơ  N  G  V  À  A  A  Q
```

CHUA	NGỌT
TỎI	THÌ LÀ
ĐẮNG	GỪNG
CÂY HỒI	NHỤC ĐẬU KHẤU
NGHỆ TÂY	ỚT CỰA GÀ
QUẾ	TIÊU
HÀNH	CAM THẢO
ĐINH HƯƠNG	HƯƠNG VỊ
CÂY THÌ LÀ	MUỐI
CÀ RI	VANI

94 - Emociones

```
O  H  T  N  G  N  Y  Ê  N  B  Ì  N  H  R
V  Ò  R  R  Ộ  Õ  I  Y  Y  D  U  D  B  Y
V  A  I  K  M  I  Y  Ề  R  D  U  T  Ị  R
K  B  Â  V  H  S  D  A  M  O  X  H  K  Q
P  Ì  N  V  N  Ợ  Q  U  Y  V  Ấ  Ư  Í  Y
P  N  C  Ả  M  T  H  Ô  N  G  U  G  C  Ê
S  H  M  N  V  T  À  I  V  G  H  I  H  U
O  Ự  B  M  O  D  I  U  H  G  Ổ  Ã  T  Y
Q  B  P  H  Y  B  L  I  S  S  A  N  H  U
P  O  T  H  O  R  Ò  M  L  K  C  B  Í  A
V  P  U  R  Ẫ  Y  N  N  K  A  L  A  C  H
R  A  I  L  Ò  N  G  T  Ố  T  A  P  H  H
P  Y  T  C  H  Á  N  N  Ả  N  H  T  M  K
D  Ị  U  D  À  N  G  Ộ  T  I  L  Ặ  N  G
```

CHÁN NẢN	BỊ KÍCH THÍCH
TRI ÂN	SỰ PHẪN NỘ
NIỀM VUI	NỖI SỢ
YÊU	HÒA BÌNH
XẤU HỔ	THƯ GIÃN
BLISS	HÀI LÒNG
LÒNG TỐT	CẢM THÔNG
LẶNG	DỊU DÀNG
NỘI DUNG	YÊN BÌNH

95 - Mediciones

```
R C H I Ề U R Ộ N G T R V Q
M M H M D Q T H G C R K N G
R L A I P H Ú T R H Ì H K O
M D L B Ề H N T R I N Ố N B
Q Đ Ộ S Â U Q V T Ề H I M Y
M O D B B O C P P U Đ L Í T
K I N C H V U A B D Ộ Ư C E
I L O U T L P N O À I Ợ Â K
L Â M L Ư Ợ N G C I C N N I
Ô G R A M Q H I U E L G N L
M B Y Y T É N Y U H T R Ặ Ô
É T A C E N T I M E T P N G
T H Ậ P P H Â N M T Ấ N G A
Y O B V G D O Q V K O K U M
```

CHIỀU CAO	CHIỀU DÀI
CHIỀU RỘNG	KHỐI LƯỢNG
BYTE	MÉT
CENTIMET	PHÚT
THẬP PHÂN	OUNCE
TRÌNH ĐỘ	CÂN NẶNG
GRAM	ĐỘ SÂU
KILÔGAM	INCH
KILÔMÉT	TẤN
LÍT	ÂM LƯỢNG

96 - Barcos

```
H  Ồ  P  C  P  H  À  C  N  K  K  T  V  P
À  C  Ộ  T  B  U  Ồ  M  Y  E  I  H  U  G
N  Đ  D  U  T  H  U  Y  Ề  N  O  Ủ  Q  C
G  P  Ộ  L  A  M  Q  Q  C  K  A  Y  A  K
H  H  B  N  Y  B  M  Q  C  M  T  T  D  T
Ả  I  U  V  G  R  I  K  N  N  H  H  Â  H
I  H  U  N  H  C  O  Ể  N  N  Ủ  Ủ  Y  U
Y  À  T  M  L  D  Ơ  T  N  N  Y  O  T  Y
M  N  U  P  H  N  L  D  S  B  T  H  H  Ề
P  H  Ả  I  L  Ý  I  U  Ô  È  R  M  Ừ  N
Q  Đ  T  Y  Q  X  U  Ồ  N  G  I  K  N  B
I  O  G  R  B  D  C  V  G  L  Ề  N  G  U
O  À  Đ  Ạ  I  D  Ư  Ơ  N  G  U  A  Q  Ồ
H  N  N  N  D  G  H  H  B  P  H  A  O  M
```

NEO
BÈ
PHAO
XUỒNG
DÂY THỪNG
PHÀ
KAYAK
HỒ
BIỂN
THỦY TRIỀU

THỦY THỦ
HÀNG HẢI
CỘT BUỒM
ĐỘNG CƠ
HẢI LÝ
ĐẠI DƯƠNG
SÔNG
PHI HÀNH ĐOÀN
THUYỀN BUỒM
DU THUYỀN

97 - Antártida

```
S  N  Ư  Ớ  C  G  B  G  Q  H  U  A  M  P
N  Ô  H  Q  M  R  O  C  K  Y  D  Y  Ô  L
D  N  N  I  P  U  O  H  U  Q  Q  U  N  D
H  I  P  G  Ễ  H  Y  I  D  A  O  A  Đ  Y
G  K  C  R  B  T  H  M  V  L  O  Q  Ị  U
C  H  B  Ư  Á  Ă  Đ  Ả  O  O  D  L  A  Đ
K  O  B  V  N  P  N  Ộ  C  À  N  Y  L  Ị
L  A  D  M  Đ  R  Q  G  B  I  Q  N  Ý  A
Đ  H  T  B  Ả  O  T  Ồ  N  H  L  O  H  H
Á  Ọ  K  H  O  Á  N  G  S  Ả  N  B  O  Ì
M  C  N  R  K  U  V  U  D  V  U  Ă  V  N
M  Ô  I  T  R  Ư  Ờ  N  G  C  C  N  Ị  H
Â  G  Y  G  M  L  Ụ  C  Đ  Ị  A  G  N  C
Y  C  H  I  M  C  Á  N  H  C  Ụ  T  H  T
```

NƯỚC	MÔI TRƯỜNG
VỊNH	DI CƯ
KHOA HỌC	KHOÁNG SẢN
BẢO TỒN	ĐÁM MÂY
LỤC ĐỊA	CHIM
LOÀI	BÁN ĐẢO
MÔN ĐỊA LÝ	CHIM CÁNH CỤT
SÔNG BĂNG	ROCKY
BĂNG	NHIỆT ĐỘ
ĐẢO	ĐỊA HÌNH

98 - Piratas

```
Q  T  B  R  M  B  Ã  I  B  I  Ể  N  T  T
P  H  I  H  À  N  H  Đ  O  À  N  G  H  H
L  A  B  À  N  Đ  Ồ  N  G  X  U  U  Ủ  U
P  N  Ả  L  C  Ả  K  E  G  V  D  Y  Y  Y
I  H  N  S  Ẹ  O  Q  O  V  L  V  H  T  Ề
Y  K  Đ  P  H  A  N  G  Y  B  B  I  R  N
B  I  Ồ  Y  L  Y  M  V  B  P  L  Ể  I  T
V  Ế  U  G  R  K  U  V  Ệ  I  Y  M  Ề  R
L  M  C  C  Ờ  X  Y  V  À  T  U  L  U  Ư
M  U  U  C  Q  N  Ấ  M  V  N  G  V  I  Ở
U  V  O  H  I  Q  N  U  D  P  G  L  R  N
T  R  U  Y  Ề  N  T  H  U  Y  Ế  T  U  G
K  H  O  B  Á  U  H  K  O  I  H  N  M  L
G  V  Q  T  N  H  V  T  M  O  D  B  C  Q
```

NEO	XẤU
CỜ	BẢN ĐỒ
LA BÀN	THỦY TRIỀU
THUYỀN TRƯỞNG	ĐỒNG XU
SẸO	VÀNG
HANG	NGUY HIỂM
THANH KIẾM	BÃI BIỂN
ĐẢO	RUM
TRUYỀN THUYẾT	KHO BÁU
CON VẸT	PHI HÀNH ĐOÀN

99 - Mamíferos

```
H  V  V  N  M  U  T  B  L  Ạ  C  Đ  À  C
C  Ư  D  Q  L  N  K  A  I  T  H  Ỏ  U  O
C  Á  Ơ  C  A  G  G  U  Q  V  Ó  U  M  Y
O  K  H  U  C  Ừ  U  Ự  N  C  S  T  D  O
N  H  U  E  C  K  H  Ỉ  A  Á  Ó  P  D  T
M  Ỉ  R  M  O  A  A  V  I  V  I  R  O  E
È  Đ  V  D  N  N  O  G  C  O  Ằ  Q  N  B
O  Ộ  O  U  V  G  G  C  Q  I  O  N  K  N
C  T  Q  G  O  A  I  Á  Ổ  Q  A  M  E  I
D  T  G  I  I  R  H  O  V  H  C  C  Y  R
C  H  Ó  N  O  O  O  R  P  A  O  K  G  P
P  N  G  Ự  A  O  O  C  M  O  Y  K  U  L
Y  R  H  C  Q  L  G  Ấ  U  I  K  D  G  M
B  Ò  Đ  Ự  C  B  A  G  P  A  H  O  P  T
```

CÁ VOI	CON MÈO
DONKEY	KHỈ ĐỘT
NGỰA	HƯƠU CAO CỔ
LẠC ĐÀ	CHÓ SÓI
KANGAROO	KHỈ
NGỰA VẰN	GẤU
THỎ	CỪU
COYOTE	CHÓ
CÁ HEO	BÒ ĐỰC
CON VOI	CÁO

100 - Abejas

```
T  P  Q  A  R  P  Y  H  C  U  T  C  H  P
H  R  S  Q  Y  A  R  A  I  Á  O  Y  Ọ  T
V  P  Á  O  D  D  P  V  Ư  Ờ  N  I  P  Đ
B  I  P  I  P  H  Ấ  N  H  O  A  H  L  A
K  H  O  A  C  Ô  N  T  R  Ù  N  G  Ạ  D
H  M  M  P  Â  Â  C  Ó  L  Ợ  I  T  I  Ạ
Ó  Ậ  Ặ  T  Y  M  Y  T  H  Ụ  P  H  Ấ  N
I  T  T  K  R  Y  A  L  I  A  U  Ứ  K  G
D  O  T  U  N  V  M  L  V  D  H  C  P  P
B  N  R  O  N  A  G  O  E  D  L  Ă  O  O
U  G  Ờ  P  B  R  N  Ữ  H  O  À  N  G  B
B  K  I  U  P  U  T  L  K  R  R  O  L  K
R  O  O  I  A  U  T  O  T  L  T  P  O  H
B  K  Q  Y  H  Ệ  S  I  N  H  T  H  Á  I
```

CÁNH	KHÓI
CÓ LỢI	CÔN TRÙNG
SÁP	VƯỜN
HIVE	MẬT ONG
THỨC ĂN	CÂY
ĐA DẠNG	PHẤN HOA
HỆ SINH THÁI	THỤ PHẤN
HỢP LẠI	NỮ HOÀNG
HOA	MẶT TRỜI
TRÁI CÂY	

1 - Ajedrez

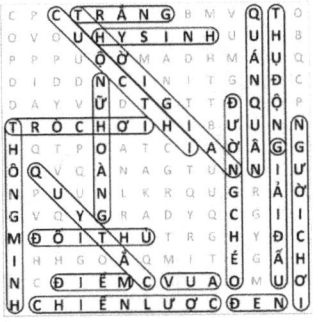

2 - Agua

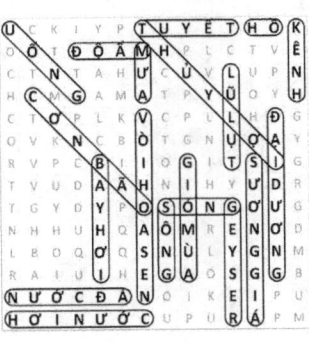

3 - Granja #2

4 - Mueble

5 - Pesca

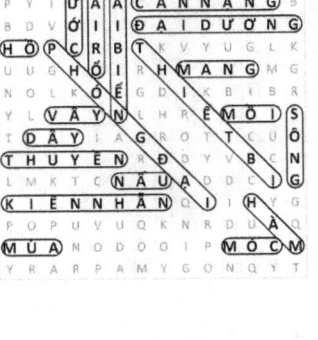

6 - Aviones

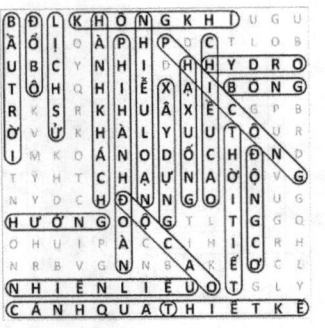

7 - Tipos de Cabello

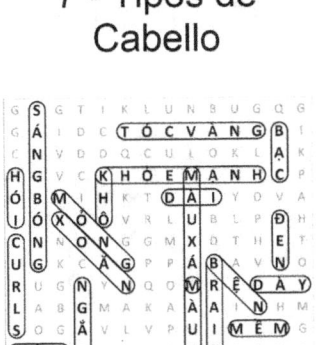

8 - Herramientas de Cocina

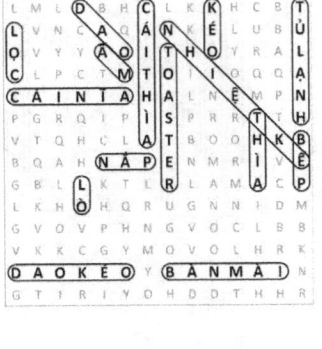

9 - Ciencia Ficción

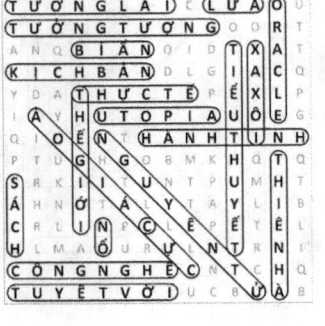

10 - Juguetes

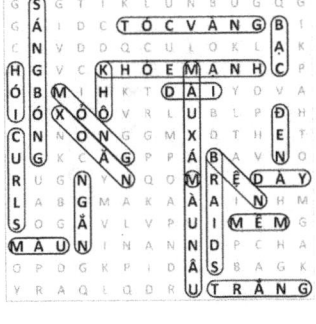

11 - Circo

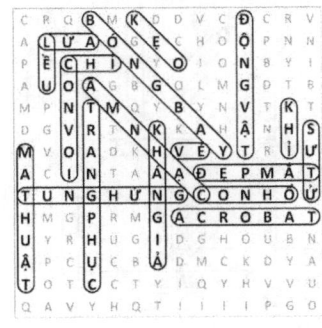

12 - Granja #1

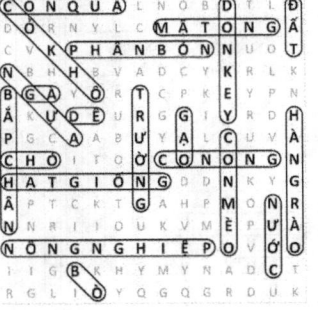

13 - Camping

14 - Fruta

15 - Geología

16 - Plantas

17 - Suministros de Arte

18 - Jardín

19 - Países #2

20 - Tecnología

21 - Números

22 - Mitología

23 - Ecología

24 - Herramientas

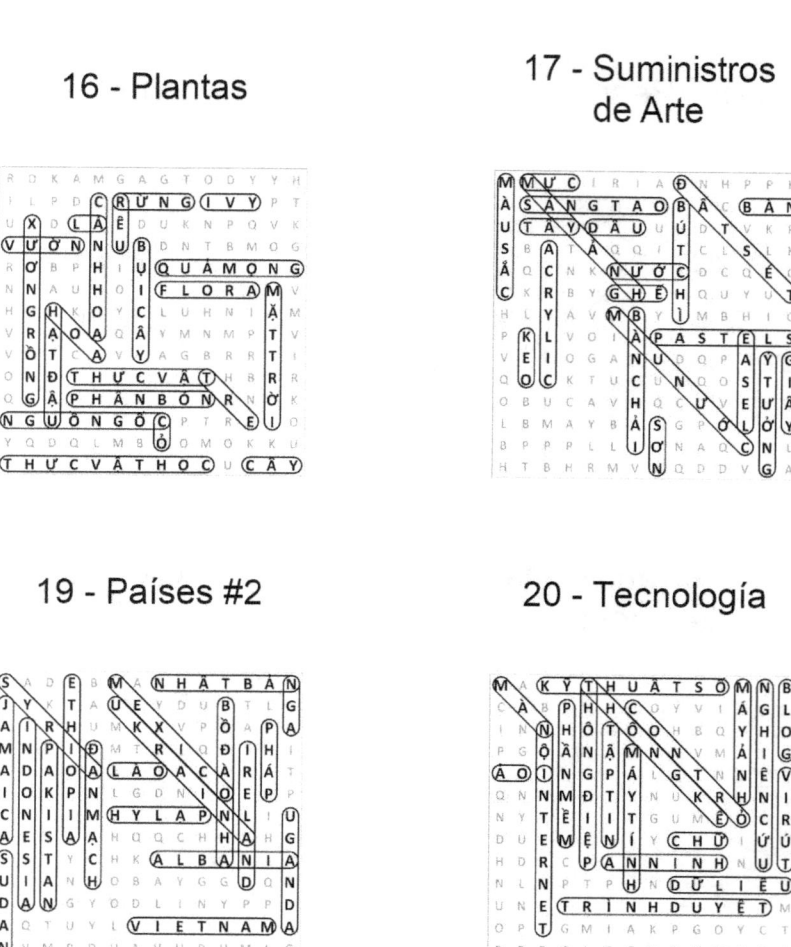

25 - Casa

26 - Artes Visuales

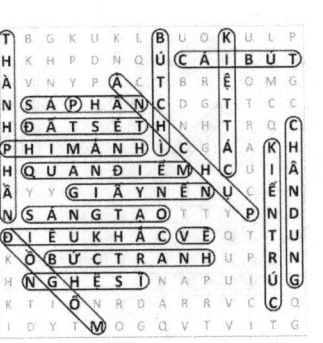

27 - Escuela #2

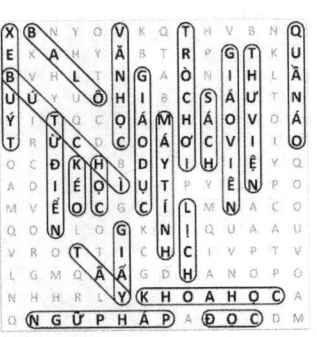

28 - Selva Tropical

29 - Colores

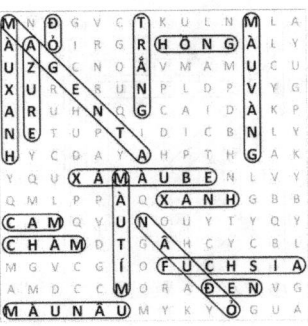

30 - Adjetivos #1

31 - Familia

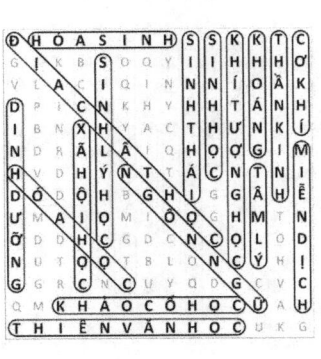

32 - Disciplinas Científicas

33 - Gatos

34 - Cocina

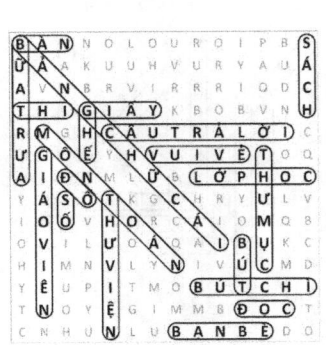

35 - Escuela #1

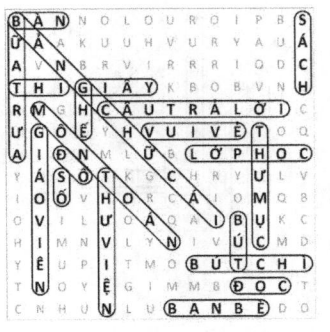

36 - Adjetivos #2

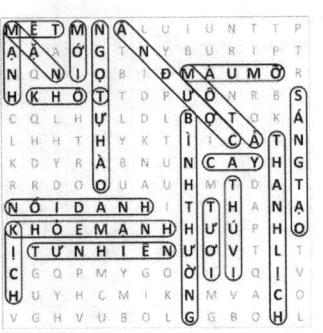

37 - Cuerpo Humano

38 - Ciencia

39 - Dinosaurios

40 - Restaurante #2

41 - Profesiones #1

42 - Vehículos

43 - Vacaciones #2

44 - Cumpleaños

45 - Baile

46 - Matemáticas

47 - Restaurante #1

48 - Profesiones #2

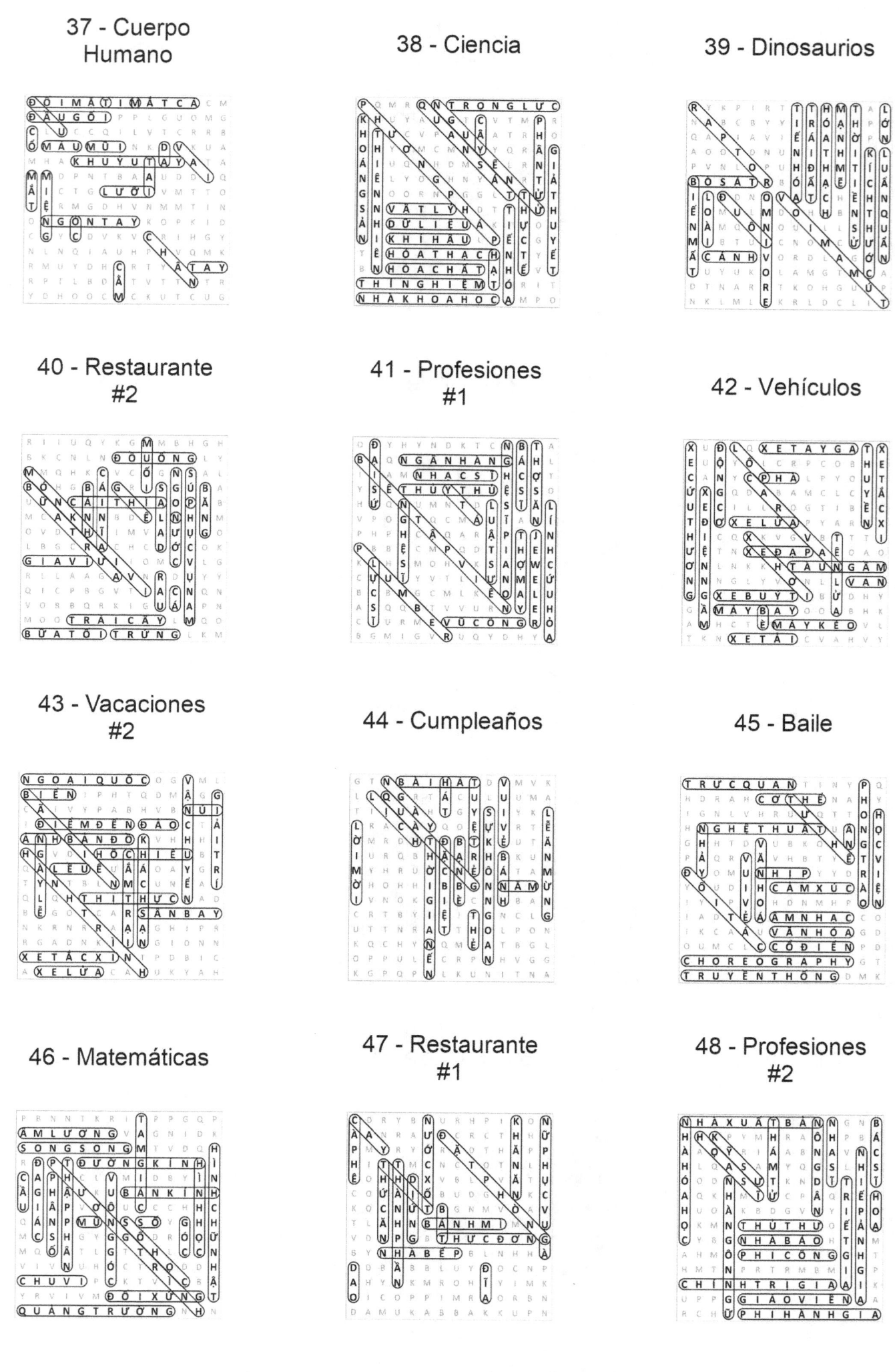

49 - Senderismo

50 - Naturaleza

51 - Conduciendo

52 - Ballet

53 - Aventura

54 - Pájaros

55 - Playa

56 - Surf

57 - Geografía

58 - Deportes

59 - Actividades

60 - Verduras

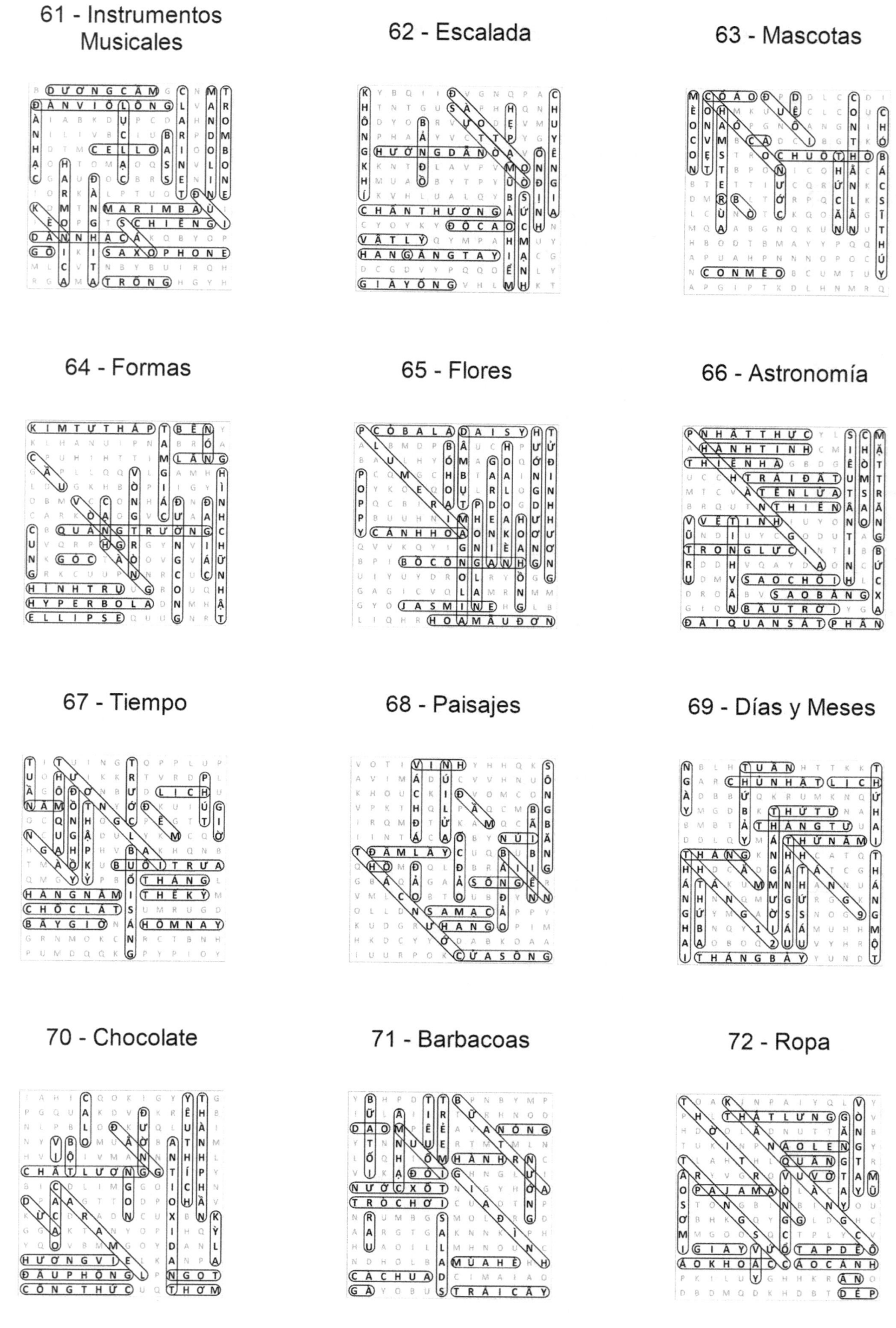

61 - Instrumentos Musicales

62 - Escalada

63 - Mascotas

64 - Formas

65 - Flores

66 - Astronomía

67 - Tiempo

68 - Paisajes

69 - Días y Meses

70 - Chocolate

71 - Barbacoas

72 - Ropa

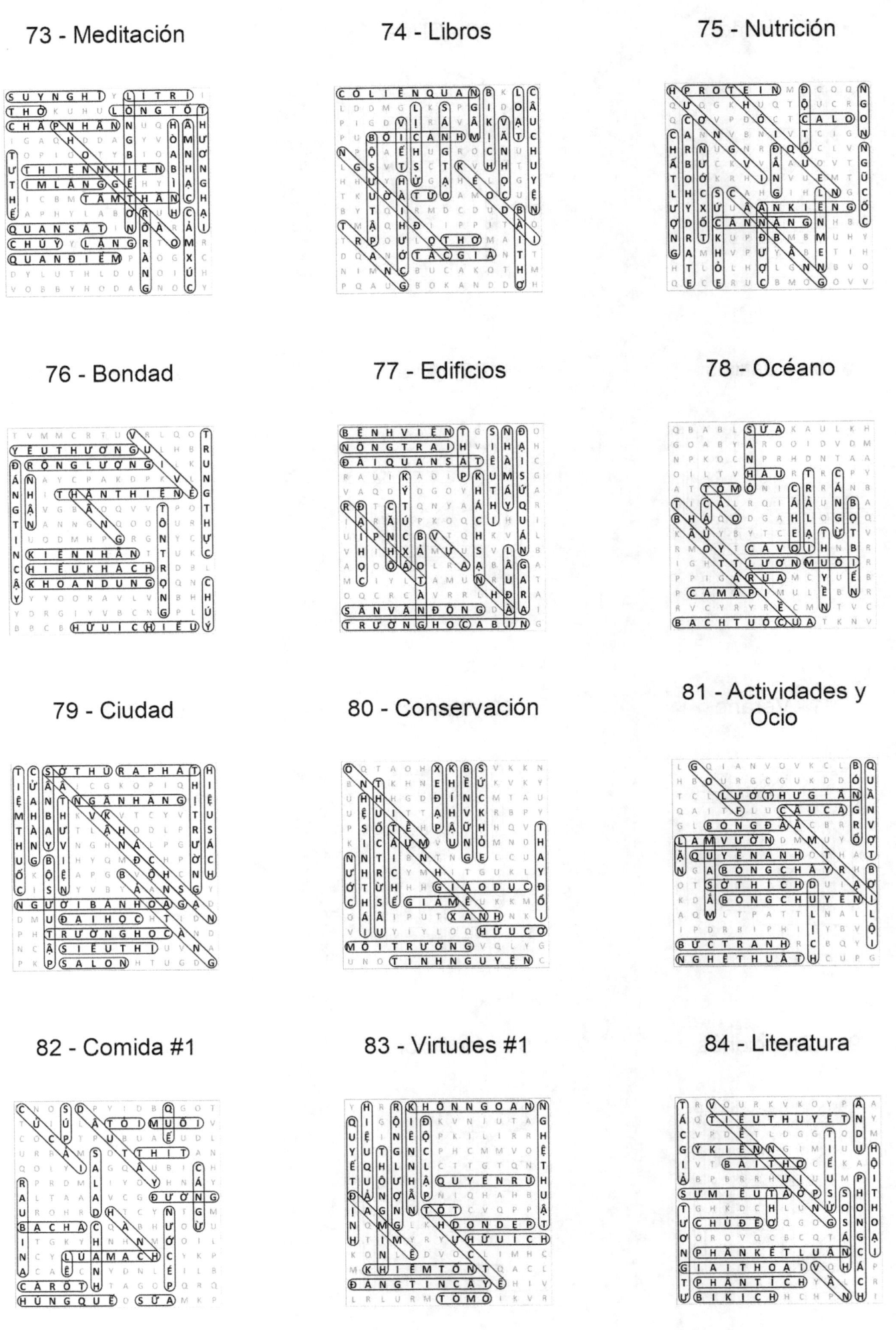

85 - Baño

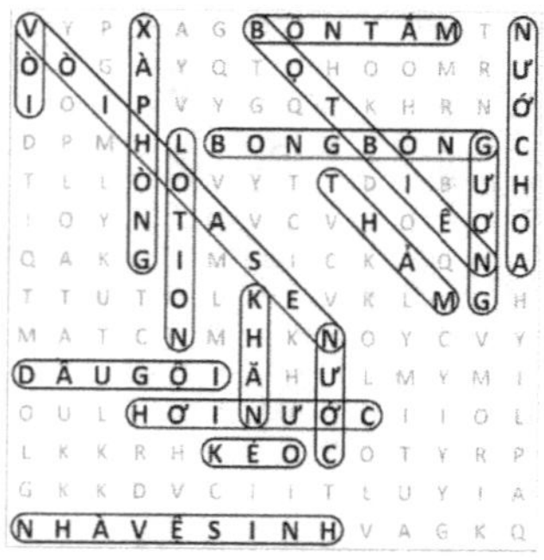

86 - Clima

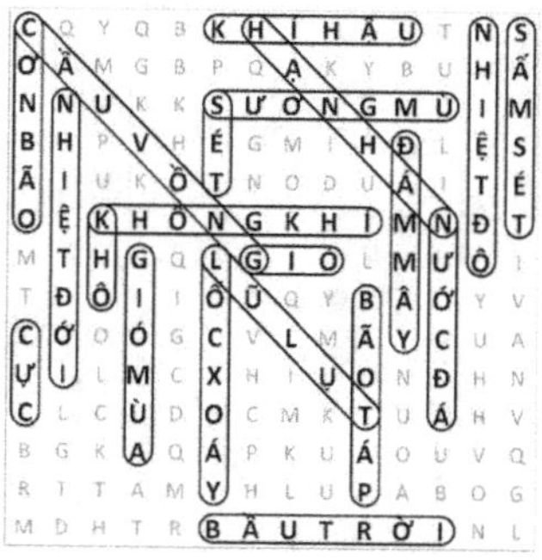

87 - Comida #2

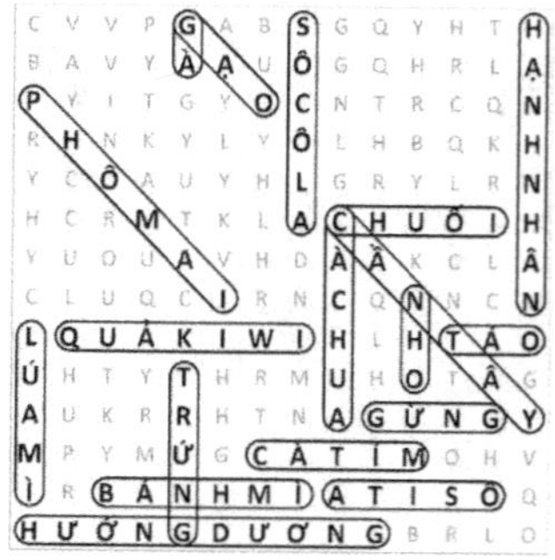

88 - Castillos

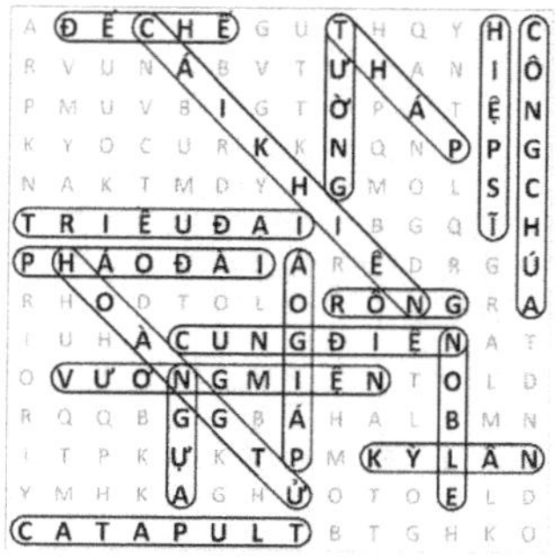

89 - Arte

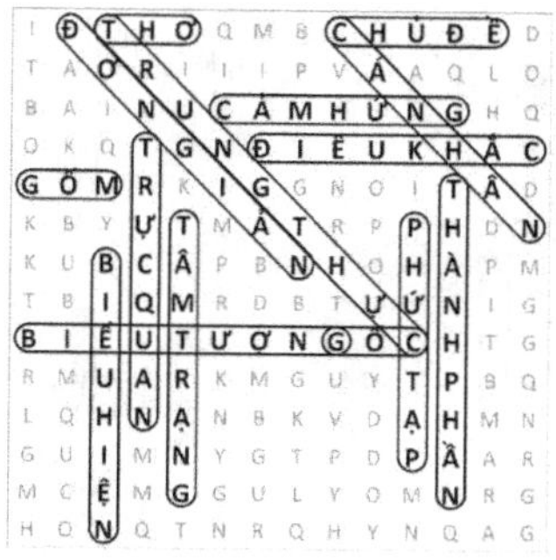

90 - Herboristería

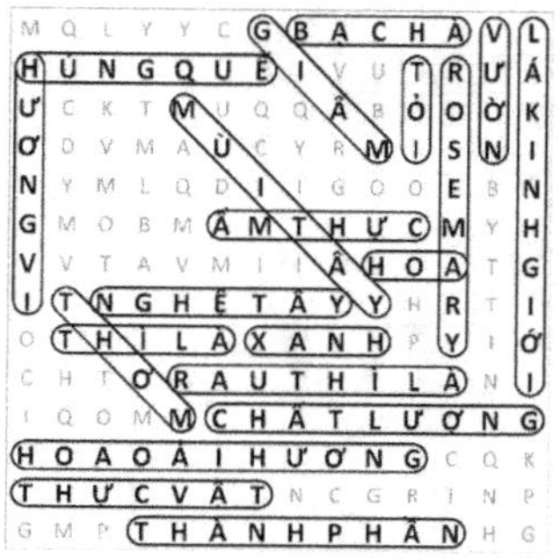

91 - Verano

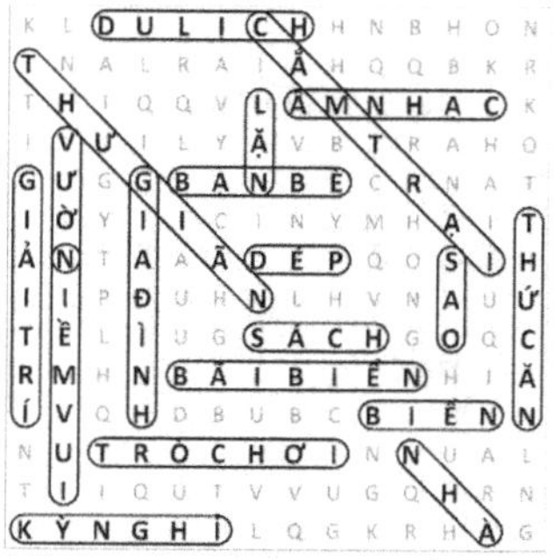

92 - Insectos

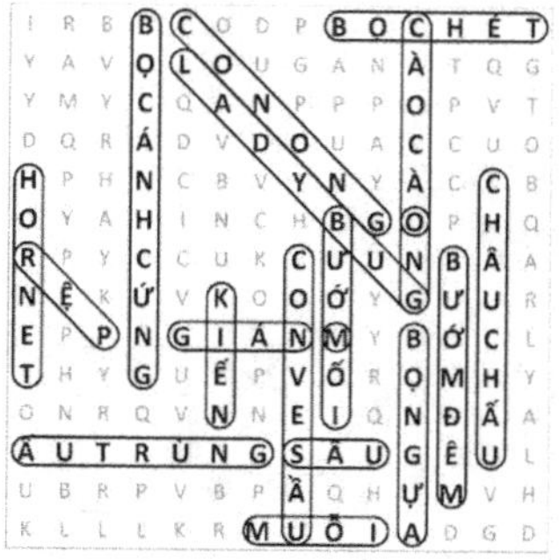

93 - Especias

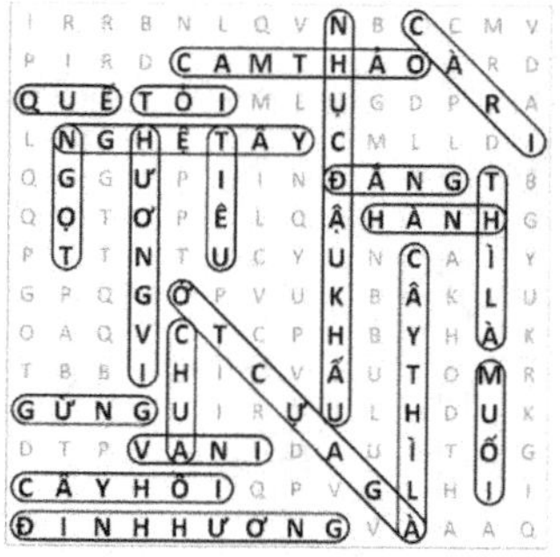

94 - Emociones

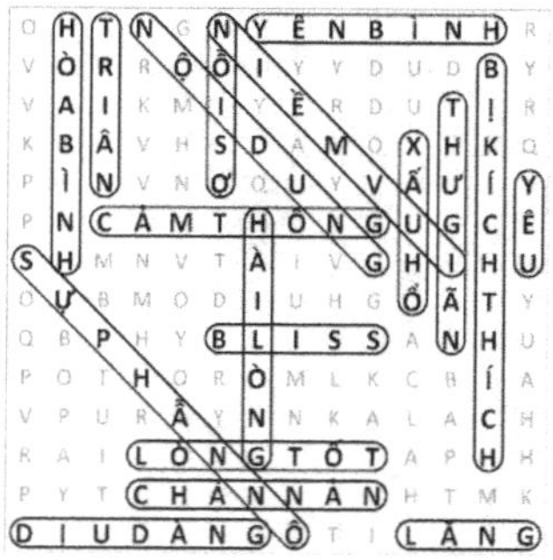

95 - Mediciones

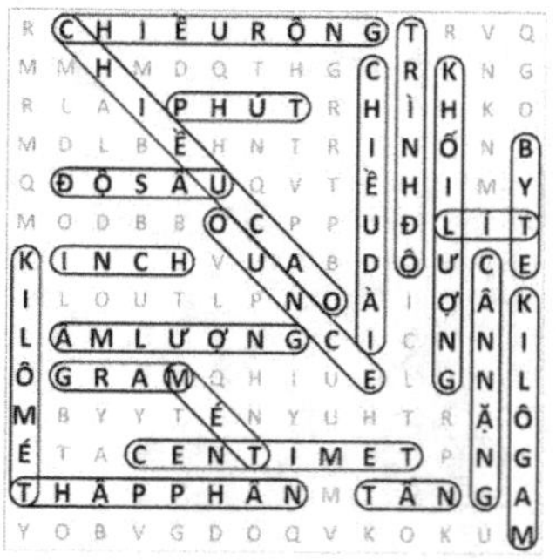

96 - Barcos

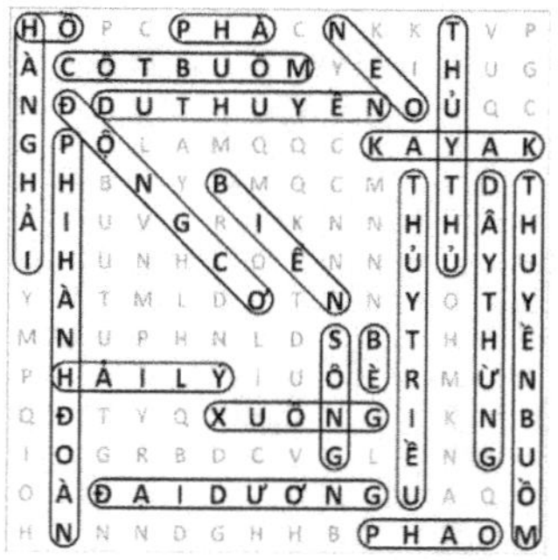

97 - Antártida

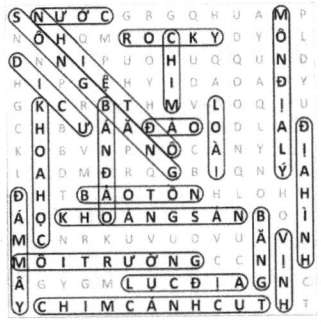

98 - Piratas

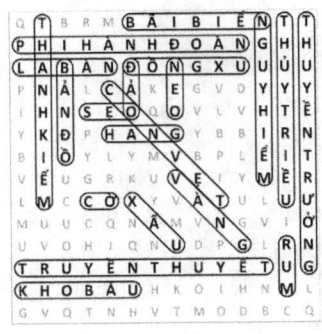

99 - Mamíferos

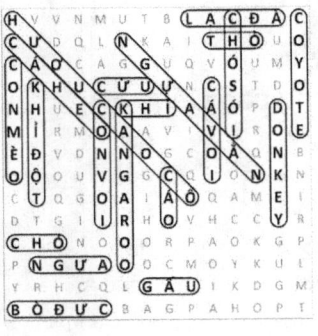

100 - Abejas

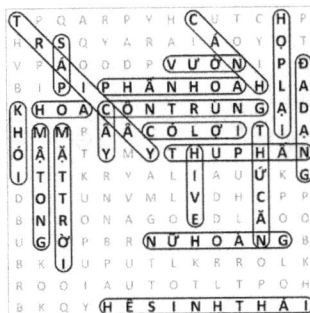

Diccionario

Abejas
Những con Ong

Alas	Cánh
Beneficioso	Có Lợi
Cera	Sáp
Colmena	Hive
Comida	Thức Ăn
Diversidad	Đa Dạng
Ecosistema	Hệ Sinh Thái
Enjambre	Họp Lại
Flores	Hoa
Fruta	Trái Cây
Humo	Khói
Insecto	Côn Trùng
Jardín	Vườn
Miel	Mật Ong
Plantas	Cây
Polen	Phấn Hoa
Polinizador	Thụ Phấn
Reina	Nữ Hoàng
Sol	Mặt Trời

Actividades
Các Hoạt Động

Actividad	Hoạt Động
Arte	Nghệ Thuật
Artesanía	Đồ thủ Công
Camping	Cắm Trại
Caza	Săn Bắn
Costura	May
Fotografía	Nhiếp Ảnh
Habilidad	Kỹ Năng
Jardinería	Làm Vườn
Juegos	Trò Chơi
Lectura	Đọc
Magia	Ma Thuật
Ocio	Giải Trí
Pesca	Câu Cá
Pintura	Bức Tranh
Placer	Hài Lòng
Relajación	Thư Giãn
Rompecabezas	Câu Đố
Tejer	Đan

Actividades y Ocio
Và các Hoạt Động Giải Trí

Aficiones	Sở Thích
Arte	Nghệ Thuật
Baloncesto	Bóng Rổ
Béisbol	Bóng Chày
Boxeo	Quyền Anh
Buceo	Lặn
Camping	Cắm Trại
Compras	Mua Sắm
Fútbol	Bóng Đá
Golf	Golf
Jardinería	Làm Vườn
Natación	Bơi Lội
Pesca	Câu Cá
Pintura	Bức Tranh
Relajante	Thư Giãn
Surf	Lướt
Tenis	Quần Vợt
Viaje	Du Lịch
Voleibol	Bóng Chuyền

Adjetivos #1
Tính từ số 1

Absoluto	Tuyệt Đối
Activo	Hoạt Động
Ambicioso	Đầy Tham Vọng
Aromático	Thơm
Atractivo	Hấp Dẫn
Brillante	Sáng
Enorme	Khổng Lồ
Generoso	Rộng Lượng
Grande	Lớn
Honesto	Trung Thực
Importante	Quan Trọng
Inocente	Vô Tội
Joven	Trẻ
Lento	Chậm
Moderno	Hiện Đại
Oscuro	Tối
Perfecto	Hoàn Hảo
Pesado	Nặng
Serio	Nghiêm Trọng
Valioso	Quý

Adjetivos #2
Tính từ số 2

Cansado	Mệt
Comestible	Ăn Được
Creativo	Sáng Tạo
Descriptivo	Mô Tả
Dramático	Kịch
Dulce	Ngọt
Elegante	Thanh Lịch
Famoso	Nổi Danh
Fresco	Tươi
Fuerte	Mạnh
Interesante	Thú Vị
Natural	Tự Nhiên
Normal	Bình Thường
Nuevo	Mới
Orgulloso	Tự Hào
Picante	Cay
Productivo	Màu Mỡ
Salado	Mặn
Saludable	Khỏe Mạnh
Seco	Khô

Agua
Nước

Canal	Kênh
Ducha	Vòi hoa Sen
Evaporación	Bay Hơi
Géiser	Geyser
Helada	Sương Giá
Hielo	Nước Đá
Humedad	Độ Ẩm
Huracán	Cơn Bão
Inundación	Lũ Lụt
Lago	Hồ
Lluvia	Mưa
Monzón	Gió Mùa
Nieve	Tuyết
Océano	Đại Dương
Olas	Sóng
Potable	Uống
Riego	Thủy Lợi
Río	Sông
Vapor	Hơi Nước

Ajedrez
Cờ Vua

Blanco	Trắng
Campeón	Quán Quân
Concurso	Cuộc Thi
Diagonal	Đường Chéo
Estrategia	Chiến Lược
Inteligente	Thông Minh
Juego	Trò Chơi
Jugador	Người Chơi
Negro	Đen
Oponente	Đối Thủ
Pasivo	Thụ Động
Puntos	Điểm
Reglas	Quy Tắc
Reina	Nữ Hoàng
Rey	Vua
Sacrificio	Hy Sinh
Tiempo	Thời Gian
Torneo	Giải Đấu

Antártida
Nam Cực

Agua	Nước
Bahía	Vịnh
Científico	Khoa Học
Conservación	Bảo Tồn
Continente	Lục Địa
Especie	Loài
Geografía	Môn địa Lý
Glaciares	Sông Băng
Hielo	Băng
Islas	Đảo
Medio Ambiente	Môi Trường
Migración	Di Cư
Minerales	Khoáng Sản
Nubes	Đám Mây
Pájaros	Chim
Península	Bán Đảo
Pingüinos	Chim Cánh Cụt
Rocoso	Rocky
Temperatura	Nhiệt Độ
Topografía	Địa Hình

Arte
Nghệ Thuật

Cerámica	Gốm
Complejo	Phức Tạp
Composición	Thành Phần
Escultura	Điêu Khắc
Expresión	Biểu Hiện
Honesto	Trung Thực
Humor	Tâm Trạng
Inspirado	Cảm Hứng
Original	Gốc
Personal	Cá Nhân
Poesía	Thơ
Sencillo	Đơn Giản
Símbolo	Biểu Tượng
Tema	Chủ Đề
Visual	Trực Quan

Artes Visuales
Nghệ Thuật thị Giác

Arcilla	Đất Sét
Arquitectura	Kiến Trúc
Artista	Nghệ Sĩ
Caballete	Vẽ
Cera	Sáp
Cerámica	Đồ Gốm
Composición	Thành Phần
Creatividad	Sáng Tạo
Escultura	Điêu Khắc
Fotografía	Ảnh Chụp
Lápiz	Bút Chì
Obra Maestra	Kiệt Tác
Película	Phim Ảnh
Perspectiva	Quan Điểm
Pintura	Bức Tranh
Plantilla	Giấy Nến
Pluma	Cái Bút
Retrato	Chân Dung
Tiza	Phấn

Astronomía
Thiên văn Học

Astronauta	Phi Hành Gia
Celestial	Thiên
Cielo	Bầu Trời
Cohete	Tên Lửa
Cometa	Sao Chổi
Constelación	Chòm Sao
Cosmos	Vũ Trụ
Eclipse	Nhật Thực
Equinoccio	Phân
Galaxia	Thiên Hà
Gravedad	Trọng Lực
Luna	Mặt Trăng
Meteoro	Sao Băng
Nebulosa	Tinh Vân
Observatorio	Đài Quan Sát
Planeta	Hành Tinh
Radiación	Bức Xạ
Satélite	Vệ Tinh
Supernova	Siêu tân Tinh
Tierra	Trái Đất

Aventura
Cuộc Phiêu Lưu

Actividad	Hoạt Động
Alegría	Niềm Vui
Amigos	Bạn Bè
Belleza	Vẻ Đẹp
Destino	Điểm Đến
Dificultad	Khó Khăn
Entusiasmo	Hăng Hái
Itinerario	Hành Trình
Naturaleza	Thiên Nhiên
Navegación	Dẫn Đường
Nuevo	Mới
Oportunidad	Cơ Hội
Peligroso	Nguy Hiểm
Preparación	Chuẩn Bị
Seguridad	An Toàn
Viajes	Đi

Aviones
Máy Bay

Aire	Không Khí
Altitud	Độ Cao
Altura	Chiều Cao
Aterrizaje	Đổ Bộ
Cielo	Bầu Trời
Clima	Thời Tiết
Combustible	Nhiên Liệu
Construcción	Xây Dựng
Descenso	Hạ Xuống
Dirección	Hướng
Diseño	Thiết Kế
Globo	Bóng
Hélices	Cánh Quạt
Hidrógeno	Hydro
Historia	Lịch Sử
Motor	Động Cơ
Pasajero	Hành Khách
Piloto	Phi Công
Tripulación	Phi Hành Đoàn
Turbulencia	Nhiễu Loạn

Baile
Nhảy

Academia	Học Viện
Alegre	Vui Vẻ
Arte	Nghệ Thuật
Clásico	Cổ Điển
Coreografía	Choreography
Cuerpo	Cơ Thể
Cultura	Văn Hoá
Cultural	Văn Hóa
Emoción	Cảm Xúc
Gracia	Ân
Movimiento	Phong Trào
Música	Âm Nhạc
Postura	Tư Thế
Ritmo	Nhịp
Saltar	Nhảy
Socio	Đối Tác
Tradicional	Truyền Thống
Visual	Trực Quan

Ballet
Vở Ballet

Artístico	Nghệ Thuật
Audiencia	Khán Giả
Bailarina	Ballerina
Bailarines	Vũ Công
Compositor	Nhà Soạn Nhạc
Coreografía	Choreography
Estilo	Phong Cách
Gesto	Cử Chỉ
Habilidad	Kỹ Năng
Intensidad	Cường Độ
Músculos	Cơ Bắp
Música	Âm Nhạc
Orquesta	Dàn Nhạc
Práctica	Tập
Ritmo	Nhịp
Técnica	Kỹ Thuật

Baño
Phòng Tắm

Agua	Nước
Alfombra	Thảm
Aseo	Nhà vệ Sinh
Baño	Bồn Tắm
Burbujas	Bong Bóng
Champú	Dầu Gội
Ducha	Vòi hoa Sen
Espejo	Gương
Esponja	Bọt Biển
Grifo	Vòi
Jabón	Xà Phòng
Loción	Lotion
Perfume	Nước Hoa
Tijeras	Kéo
Toalla	Khăn
Vapor	Hơi Nước

Barbacoas
Ăn Thịt Nướng

Almuerzo	Bữa Trưa
Caliente	Nóng
Cebollas	Hành
Cena	Bữa Tối
Cuchillos	Dao
Ensaladas	Salads
Familia	Gia Đình
Fruta	Trái Cây
Hambre	Đói
Juegos	Trò Chơi
Música	Âm Nhạc
Niños	Trẻ Em
Parrilla	Nướng
Pimienta	Tiêu
Pollo	Gà
Sal	Muối
Salsa	Nước Xốt
Tomates	Cà Chua
Verano	Mùa Hè
Verduras	Rau

Barcos
Thuyền

Ancla	Neo
Balsa	Bè
Boya	Phao
Canoa	Xuồng
Cuerda	Dây Thừng
Ferry	Phà
Kayak	Kayak
Lago	Hồ
Mar	Biển
Marea	Thủy Triều
Marinero	Thủy Thủ
Marítimo	Hàng Hải
Mástil	Cột Buồm
Motor	Động Cơ
Náutico	Hải Lý
Océano	Đại Dương
Río	Sông
Tripulación	Phi Hành Đoàn
Velero	Thuyền Buồm
Yate	Du Thuyền

Bondad
Lòng tử Tế

Amistoso	Thân Thiện
Amoroso	Yêu Thương
Atento	Chú Ý
Comprensión	Hiểu
Feliz	Vui Vẻ
Fiable	Đáng tin Cậy
Generoso	Rộng Lượng
Genuino	Hãng
Honesto	Trung Thực
Hospitalario	Hiếu Khách
Paciente	Kiên Nhẫn
Receptivo	Nhận
Respetuoso	Tôn Trọng
Tolerante	Khoan Dung
Útil	Hữu Ích

Camping
Cắm Trại

Animales	Động Vật
Árboles	Cây
Bosque	Rừng
Brújula	La Bàn
Cabina	Cabin
Canoa	Xuồng
Carpa	Lều
Caza	Săn Bắn
Cuerda	Dây Thừng
Equipo	Thiết Bị
Fuego	Lửa
Hamaca	Võng
Insecto	Côn Trùng
Lago	Hồ
Linterna	Đèn Lồng
Luna	Mặt Trăng
Mapa	Bản Đồ
Montaña	Núi
Naturaleza	Thiên Nhiên
Sombrero	Mũ

Casa
Nhà Ở

Alfombra	Thảm
Ático	Gác Xép
Biblioteca	Thư Viện
Chimenea	Ống Khói
Cocina	Nhà Bếp
Dormitorio	Phòng Ngủ
Ducha	Vòi hoa Sen
Escoba	Chổi
Espejo	Gương
Garaje	Ga-Ra
Grifo	Vòi
Jardín	Vườn
Lámpara	Đèn
Pared	Tường
Piso	Sàn Nhà
Puerta	Cửa
Sótano	Tầng Hầm
Techo	Mái Nhà
Valla	Hàng Rào
Ventana	Cửa Sổ

Castillos
Lâu Đài

Armadura	Áo Giáp
Caballero	Hiệp Sĩ
Caballo	Ngựa
Catapulta	Catapult
Corona	Vương Miện
Dinastía	Triều Đại
Dragón	Rồng
Escudo	Cái Khiên
Espada	Thanh Kiếm
Feudal	Phong Kiến
Fortaleza	Pháo Đài
Imperio	Đế Chế
Noble	Noble
Palacio	Cung Điện
Pared	Tường
Princesa	Công Chúa
Príncipe	Hoàng Tử
Reino	Vương Quốc
Torre	Tháp
Unicornio	Kỳ Lân

Chocolate
Sô-Cô-La

Amargo	Đắng
Antioxidante	Antioxidant
Aroma	Thơm
Azúcar	Đường
Cacahuetes	Đậu Phộng
Cacao	Cacao
Calidad	Chất Lượng
Calorías	Calo
Caramelo	Caramel
Coco	Dừa
Delicioso	Ngon
Dulce	Ngọt
Exótico	Kỳ Lạ
Favorito	Yêu Thích
Gusto	Vị
Ingrediente	Thành Phần
Polvo	Bột
Receta	Công Thức
Sabor	Hương Vị

Ciencia
Khoa Học

Átomo	Nguyên Tử
Científico	Nhà Khoa Học
Clima	Khí Hậu
Datos	Dữ Liệu
Evolución	Tiến Hóa
Experimento	Thí Nghiệm
Física	Vật Lý
Fósil	Hóa Thạch
Gravedad	Trọng Lực
Hecho	Thực Tế
Hipótesis	Giả Thuyết
Método	Phương Pháp
Minerales	Khoáng Sản
Moléculas	Phân Tử
Naturaleza	Thiên Nhiên
Observación	Quan Sát
Partículas	Hạt
Plantas	Cây
Químico	Hóa Chất

Ciencia Ficción
Khoa học Viễn Tưởng

Atómico	Nguyên Tử
Distante	Xa Xôi
Escenario	Kịch Bản
Explosión	Nổ
Extremo	Cực
Fantástico	Tuyệt Vời
Fuego	Lửa
Futurista	Tương Lai
Galaxia	Thiên Hà
Ilusión	Ảo Giác
Imaginario	Tưởng Tượng
Libros	Sách
Misterioso	Bí Ẩn
Mundo	Thế Giới
Novelas	Tiểu Thuyết
Oráculo	Oracle
Planeta	Hành Tinh
Realista	Thực Tế
Tecnología	Công Nghệ
Utopía	Utopia

Circo
Rạp Xiếc

Acróbata	Acrobat
Animales	Động Vật
Billete	Vé
Caramelo	Kẹo
Carpa	Lều
Elefante	Con Voi
Espectacular	Đẹp Mắt
Espectador	Khán Giả
Globos	Bóng Bay
León	Sư Tử
Magia	Ma Thuật
Malabarista	Tung Hứng
Mono	Khỉ
Mostrar	Chỉ
Música	Âm Nhạc
Tigre	Con Hổ
Traje	Trang Phục
Truco	Lừa

Ciudad
Thị Trấn

Aeropuerto	Sân Bay
Banco	Ngân Hàng
Biblioteca	Thư Viện
Escuela	Trường Học
Estadio	Sân vận Động
Farmacia	Tiệm Thuốc
Florista	Người bán Hoa
Galería	Bộ sưu Tập
Hotel	Khách Sạn
Librería	Hiệu Sách
Mercado	Thị Trường
Museo	Bảo Tàng
Salón	Salon
Supermercado	Siêu Thị
Teatro	Rạp Hát
Tienda	Cửa Hàng
Universidad	Đại Học
Zoo	Sở Thú

Clima
Thời Tiết

Arco Iris	Cầu Vồng
Atmósfera	Không Khí
Cielo	Bầu Trời
Clima	Khí Hậu
Hielo	Nước Đá
Huracán	Cơn Bão
Inundación	Lũ Lụt
Monzón	Gió Mùa
Niebla	Sương Mù
Nube	Đám Mây
Polar	Cực
Rayo	Sét
Seco	Khô
Sequía	Hạn Hán
Temperatura	Nhiệt Độ
Tormenta	Bão Táp
Tornado	Lốc Xoáy
Tropical	Nhiệt Đới
Trueno	Sấm Sét
Viento	Gió

Cocina
Phòng Bếp

Caldera	Ấm
Comida	Thức Ăn
Cucharas	Thìa
Cuchillos	Dao
Delantal	Tạp Dề
Especias	Gia Vị
Esponja	Bọt Biển
Horno	Lò
Jarra	Bình
Palillos	Đũa
Parrilla	Nướng
Receta	Công Thức
Refrigerador	Tủ Lạnh
Servilleta	Khăn Ăn
Tazas	Ly
Tazón	Bát
Tenedores	Forks

Colores
Màu Sắc

Amarillo	Màu Vàng
Azul	Màu Xanh
Azur	Azure
Beige	Màu Be
Blanco	Trắng
Fucsia	Fuchsia
Gris	Xám
Índigo	Chàm
Magenta	Magenta
Marrón	Màu Nâu
Naranja	Cam
Negro	Đen
Púrpura	Màu Tím
Rojo	Đỏ
Rosa	Hồng
Sepia	Nâu Đỏ
Verde	Xanh

Comida #1
Thực Phẩm #1

Ajo	Tỏi
Albahaca	Húng Quế
Atún	Cá Ngừ
Azúcar	Đường
Canela	Quế
Carne	Thịt
Cebada	Lúa Mạch
Cebolla	Hành
Ensalada	Salad
Espinacas	Rau Bina
Fresa	Dâu Tây
Jugo	Nước Ép
Leche	Sữa
Limón	Chanh
Menta	Bạc Hà
Nabo	Củ Cải
Pera	Lê
Sal	Muối
Sopa	Súp
Zanahoria	Cà Rốt

Comida #2
Thực Phẩm #2

Alcachofa	Atisô
Almendra	Hạnh Nhân
Apio	Cần Tây
Arroz	Gạo
Berenjena	Cà Tím
Cereza	Quả anh Đào
Chocolate	Sô cô La
Girasol	Hướng Dương
Huevo	Trứng
Jengibre	Gừng
Kiwi	Quả Kiwi
Manzana	Táo
Pan	Bánh Mì
Plátano	Chuối
Pollo	Gà
Queso	Phô Mai
Tomate	Cà Chua
Trigo	Lúa Mì
Uva	Nho
Yogur	Sữa Chua

Conduciendo
Điều Khiển

Accidente	Tai Nạn
Calle	Đường Phố
Camión	Xe Tải
Coche	Xe Hơi
Combustible	Nhiên Liệu
Frenos	Phanh
Garaje	Ga-Ra
Gas	Khí
Licencia	Giấy Phép
Mapa	Bản Đồ
Motocicleta	Xe Máy
Motor	Động Cơ
Peatonal	Đi Bộ
Peligro	Nguy Hiểm
Policía	Cảnh Sát
Seguridad	An Toàn
Transporte	Vận Chuyển
Tráfico	Giao Thông
Túnel	Đường Hầm
Velocidad	Tốc Độ

Conservación
Bảo Tồn

Agua	Nước
Ambiental	Môi Trường
Cambios	Thay Đổi
Ciclo	Xe Đạp
Clima	Khí Hậu
Contaminación	Ô Nhiễm
Ecosistema	Hệ Sinh Thái
Educación	Giáo Dục
Natural	Tự Nhiên
Orgánico	Hữu Cơ
Pesticida	Thuốc trừ Sâu
Reciclar	Tái Chế
Reducir	Giảm
Salud	Sức Khỏe
Sostenible	Bền Vững
Verde	Xanh
Voluntario	Tình Nguyện

Cuerpo Humano
Cơ thể con Người

Barbilla	Cằm
Boca	Miệng
Cabeza	Đầu
Cara	Đối Mặt
Cerebro	Óc
Codo	Khuỷu Tay
Corazón	Tim
Cuello	Cổ
Dedo	Ngón Tay
Hombro	Vai
Lengua	Lưỡi
Mano	Tay
Nariz	Mũi
Ojo	Mắt
Oreja	Tai
Piel	Da
Pierna	Chân
Rodilla	Đầu Gối
Sangre	Máu
Tobillo	Mắt Cá

Cumpleaños
Ngày Sinh Nhật

Amigos	Bạn Bè
Año	Năm
Calendario	Lịch
Canción	Bài Hát
Cantar	Hát
Celebración	Lễ ăn Mừng
Día	Ngày
Especial	Đặc Biệt
Feliz	Vui Vẻ
Gran	Tuyệt
Invitaciones	Lời Mời
Joven	Trẻ
Pastel	Bánh
Regalo	Quà Tặng
Sabiduría	Sự Khôn Ngoan
Tarjetas	Thẻ
Tiempo	Thời Gian
Velas	Nến

Deportes
Các môn thể Thao

Atleta	Lực Sĩ
Árbitro	Trọng Tài
Baloncesto	Bóng Rổ
Béisbol	Bóng Chày
Bicicleta	Xe Đạp
Campeonato	Chức vô Địch
Equipo	Đội
Estadio	Sân vận Động
Gimnasia	Thể Dục
Gimnasio	Gymnasium
Golf	Golf
Hockey	Khúc côn Cầu
Juego	Trò Chơi
Jugador	Người Chơi
Movimiento	Phong Trào
Tenis	Quần Vợt

Dinosaurios
Loài Khủng Long

Alas	Cánh
Cola	Đuôi
Desaparición	Biến Mất
Especie	Loài
Evolución	Tiến Hóa
Fósiles	Hóa Thạch
Grande	Lớn
Mamut	Voi ma Mút
Omnívoro	Omnivore
Poderoso	Mạnh Mẽ
Prehistórico	Thời Tiền Sử
Raptor	Raptor
Reptil	Bò Sát
Tamaño	Kích Thước
Tierra	Trái Đất
Vicioso	Luẩn Quẩn

Disciplinas Científicas
Các Ngành Khoa Học

Anatomía	Giải Phẫu Học
Arqueología	Khảo cổ Học
Astronomía	Thiên văn Học
Biología	Sinh Học
Bioquímica	Hóa Sinh
Botánica	Thực vật Học
Ecología	Sinh Thái
Fisiología	Sinh lý Học
Geología	Địa Chất Học
Inmunología	Miễn Dịch
Lingüística	Ngôn Ngữ
Mecánica	Cơ Khí
Meteorología	Khí Tượng Học
Mineralogía	Khoáng
Neurología	Thần Kinh
Nutrición	Dinh Dưỡng
Psicología	Tâm Lý
Química	Hóa Học
Sociología	Xã hội Học
Zoología	Động vật Học

Días y Meses
Ngày và Tháng

Abril	Tháng Tư
Agosto	Ngày
Año	Năm
Calendario	Lịch
Diciembre	Tháng 12
Domingo	Chủ Nhật
Enero	Tháng Một
Febrero	Tháng Hai
Jueves	Thứ Năm
Julio	Tháng Bảy
Junio	Tháng Sáu
Lunes	Thứ Hai
Martes	Thứ Ba
Mes	Tháng
Miércoles	Thứ Tư
Octubre	Tháng Mười
Sábado	Thứ Bảy
Semana	Tuần
Septiembre	Tháng 9
Viernes	Thứ Sáu

Ecología
Sinh Thái Học

Clima	Khí Hậu
Comunidades	Cộng Đồng
Diversidad	Đa Dạng
Especie	Loài
Fauna	Động Vật
Flora	Flora
Global	Toàn Cầu
Marino	Biển
Montañas	Núi
Natural	Tự Nhiên
Naturaleza	Thiên Nhiên
Pantano	Marsh
Plantas	Cây
Recursos	Tài Nguyên
Sequía	Hạn Hán
Sostenible	Bền Vững
Supervivencia	Sự Sống Còn
Vegetación	Thực Vật

Edificios
Các tòa Nhà

Albergue	Ký túc Xá
Apartamento	Căn Hộ
Cabina	Cabin
Casa	Nhà
Castillo	Lâu Đài
Embajada	Đại sứ Quán
Escuela	Trường Học
Estadio	Sân vận Động
Fábrica	Nhà Máy
Garaje	Ga-Ra
Granero	Vựa
Granja	Nông Trại
Hospital	Bệnh Viện
Hotel	Khách Sạn
Museo	Bảo Tàng
Observatorio	Đài Quan Sát
Supermercado	Siêu Thị
Teatro	Rạp Hát
Torre	Tháp
Universidad	Đại Học

Emociones
Những cảm Xúc

Aburrimiento	Chán Nản
Agradecido	Tri Ân
Alegría	Niềm Vui
Amor	Yêu
Avergonzado	Xấu Hổ
Beatitud	Bliss
Bondad	Lòng Tốt
Calma	Lặng
Contenido	Nội Dung
Emocionado	Bị Kích Thích
Ira	Sự Phẫn Nộ
Miedo	Nỗi Sợ
Paz	Hòa Bình
Relajado	Thư Giãn
Satisfecho	Hài Lòng
Simpatía	Cảm Thông
Ternura	Dịu Dàng
Tranquilidad	Yên Bình
Tristeza	Nỗi Buồn

Escalada
Leo

Altitud	Độ Cao
Atmósfera	Không Khí
Botas	Giày Ống
Casco	Mũ bảo Hiểm
Cueva	Hang
Curiosidad	Sự tò Mò
Estabilidad	Ổn Định
Estrecho	Hẹp
Experto	Chuyên Gia
Físico	Vật Lý
Formación	Đào Tạo
Fuerza	Sức Mạnh
Guantes	Găng Tay
Guías	Hướng Dẫn
Lesión	Chấn Thương
Mapa	Bản Đồ

Escuela #1
Trường học số 1

Alfabeto	Bảng chữ Cái
Almuerzo	Bữa Trưa
Amigos	Bạn Bè
Aula	Lớp Học
Biblioteca	Thư Viện
Carpetas	Thư Mục
Diversión	Vui Vẻ
Escritorio	Bàn
Examen	Đố
Exámenes	Thi
Lápiz	Bút Chì
Leer	Đọc
Libros	Sách
Matemática	Môn Toán
Números	Số
Papel	Giấy
Plumas	Bút
Profesor	Giáo Viên
Respuestas	Câu trả Lời
Silla	Ghế

Escuela #2
Trường học số 2

Académico	Học
Autobús	Xe Buýt
Biblioteca	Thư Viện
Borrador	Tẩy
Calendario	Lịch
Ciencia	Khoa Học
Diccionario	Từ Điển
Educación	Giáo Dục
Gramática	Ngữ Pháp
Juegos	Trò Chơi
Lápiz	Bút Chì
Lectura	Đọc
Libros	Sách
Literatura	Văn Học
Mochila	Ba Lô
Ordenador	Máy Tính
Papel	Giấy
Profesor	Giáo Viên
Ropa	Quần Áo
Tijeras	Kéo

Especias
Gia Vị

Agrio	Chua
Ajo	Tỏi
Amargo	Đắng
Anís	Cây Hồi
Azafrán	Nghệ Tây
Canela	Quế
Cebolla	Hành
Clavo	Đinh Hương
Comino	Cây thì Là
Curry	Cà Ri
Dulce	Ngọt
Hinojo	Thì Là
Jengibre	Gừng
Nuez Moscada	Nhục đậu Khấu
Pimentón	Ớt cựa Gà
Pimienta	Tiêu
Regaliz	Cam Thảo
Sabor	Hương Vị
Sal	Muối
Vainilla	Vani

Familia
Gia Đình

Abuela	Bà
Abuelo	Ông
Antepasado	Tổ Tiên
Esposa	Vợ
Hermana	Em Gái
Hermano	Anh Trai
Hija	Con Gái
Infancia	Thời thơ Ấu
Madre	Mẹ
Marido	Chồng
Niño	Con
Niños	Trẻ Em
Padre	Cha
Primo	Em Họ
Sobrina	Cháu Gái
Sobrino	Cháu
Tía	Dì
Tío	Chú

Flores
Những Bông Hoa

Amapola	Poppy
Diente de León	Bồ Công Anh
Gardenia	Gardenia
Girasol	Hướng Dương
Hibisco	Dâm Bụt
Jazmín	Jasmine
Lavanda	Hoa oải Hương
Lila	Tử Đinh Hương
Lirio	Hoa loa Kèn
Magnolia	Magnolia
Margarita	Daisy
Orquídea	Phong Lan
Peonía	Hoa mẫu Đơn
Pétalo	Cánh Hoa
Plumeria	Plumeria
Ramo	Bó Hoa
Rosa	Hoa Hồng
Trébol	Cỏ ba Lá
Tulipán	Lời Khuyên

Formas
Hình Dạng

Arco	Cung
Bordes	Cạnh
Cilindro	Hình Trụ
Círculo	Vòng Tròn
Cono	Nón
Cuadrado	Quảng Trường
Curva	Đường Cong
Elipse	Ellipse
Esfera	Cầu
Esquina	Góc
Hipérbola	Hyperbola
Lado	Bên
Línea	Hàng
Pirámide	Kim tự Tháp
Polígono	Đa Giác
Prisma	Lăng
Rectángulo	Hình chữ Nhật
Ronda	Vòng
Triángulo	Tam Giác

Fruta
Trái Cây

Aguacate	Trái Bơ
Albaricoque	Quả Mơ
Baya	Quả Mọng
Cereza	Quả anh Đào
Coco	Dừa
Frambuesa	Mâm Xôi
Guayaba	Ổi
Kiwi	Quả Kiwi
Limón	Chanh
Mango	Trái Xoài
Manzana	Táo
Melocotón	Đào
Melón	Dưa
Naranja	Cam
Nectarina	Cây Xuân Đào
Papaya	Đu Đủ
Pera	Lê
Piña	Dứa
Plátano	Chuối
Uva	Nho

Gatos
Những con Mèo

Cazador	Thợ Săn
Cola	Đuôi
Curioso	Tò Mò
Dormir	Ngủ
Gracioso	Buồn Cười
Hilo	Sợi
Independiente	Độc Lập
Juguetón	Vui Tươi
Loco	Điên
Pata	Chân
Personalidad	Cá Tính
Poco	Ít
Ratón	Chuột
Rápido	Nhanh
Salvaje	Hoang Dã
Tímido	Nhút Nhát

Geografía
Môn địa Lý

Altitud	Độ Cao
Atlas	Atlas
Ciudad	Thành Phố
Continente	Lục Địa
Hemisferio	Bán Cầu
Isla	Đảo
Latitud	Vĩ Độ
Longitud	Kinh Độ
Mapa	Bản Đồ
Mar	Biển
Meridiano	Kinh Tuyến
Montaña	Núi
Mundo	Thế Giới
Norte	Bắc
Oeste	Hướng Tây
País	Quốc Gia
Región	Khu Vực
Río	Sông
Sur	Phía Nam
Territorio	Lãnh Thổ

Geología
Địa Chất Học

Ácido	Axit
Calcio	Calcium
Capa	Lớp
Caverna	Hang Động
Continente	Lục Địa
Coral	San Hô
Cristales	Tinh Thể
Cuarzo	Thạch Anh
Erosión	Xói Mòn
Estalactita	Nhũ Đá
Estalagmitas	Măng Đá
Fósil	Hóa Thạch
Lava	Dung Nham
Meseta	Cao Nguyên
Minerales	Khoáng Sản
Piedra	Đá
Sal	Muối
Terremoto	Động Đất
Volcán	Núi Lửa
Zona	Vùng

Granja #1
Trang Trại số 1

Abeja	Con Ong
Agricultura	Nông Nghiệp
Agua	Nước
Arroz	Gạo
Burro	Donkey
Caballo	Ngựa
Cabra	Dê
Campo	Trường
Cuervo	Con Quạ
Fertilizante	Phân Bón
Gato	Con Mèo
Heno	Cỏ Khô
Miel	Mật Ong
Perro	Chó
Pollo	Gà
Semillas	Hạt Giống
Ternero	Bắp Chân
Tierra	Đất
Vaca	Bò
Valla	Hàng Rào

Granja #2
Trang Trại số 2

Agricultor	Nông Dân
Animales	Động Vật
Cebada	Lúa Mạch
Colmena	Tổ Ong
Comida	Thức Ăn
Fruta	Trái Cây
Gansos	Ngỗng
Granero	Vựa
Huerto	Thẻ
Leche	Sữa
Maduro	Chín
Maíz	Ngô
Molino	Cối xay Gió
Oveja	Cừu
Pato	Vịt
Prado	Đồng Cỏ
Riego	Thủy Lợi
Tractor	Máy Kéo
Trigo	Lúa Mì
Vegetal	Rau

Herboristería
Chủ Nghĩa Thảo Dược

Ajo	Tỏi
Albahaca	Húng Quế
Aromático	Thơm
Azafrán	Nghệ Tây
Calidad	Chất Lượng
Culinario	Ẩm Thực
Eneldo	Rau thì Là
Estragón	Giấm
Flor	Hoa
Hinojo	Thì Là
Ingrediente	Thành Phần
Jardín	Vườn
Lavanda	Hoa oải Hương
Mejorana	Lá Kinh Giới
Menta	Bạc Hà
Perejil	Mùi Tây
Planta	Thực Vật
Romero	Rosemary
Sabor	Hương Vị
Verde	Xanh

Herramientas
Công Cụ

Alicates	Kìm
Antorcha	Ngọn Đuốc
Cable	Cáp
Cuchillo	Dao
Cuerda	Dây Thừng
Escalera	Thang
Grapadora	Giấy
Hacha	Rìu
Martillo	Búa
Mazo	Vồ
Navaja	Dao Cạo
Pala	Xẻng
Pegamento	Keo
Rueda	Bánh Xe
Tijeras	Kéo
Tornillo	Vít

Herramientas de Cocina
Dụng cụ nấu Ăn

Caldera	Ấm
Colador	Lọc
Cubertería	Dao Kéo
Cuchara	Cái Thìa
Cuchillo	Dao
Espátula	Thìa
Estufa	Bếp
Horno	Lò
Ralladar	Bàn Mài
Refrigerador	Tủ Lạnh
Tapa	Nắp
Tenedor	Cái Nĩa
Termómetro	Nhiệt Kế
Tijeras	Kéo
Tostadora	Toaster

Insectos
Côn Trùng

Abeja	Con Ong
Avispa	Ong
Avispón	Hornet
Áfido	Rệp
Cigarra	Con ve Sầu
Cucaracha	Gián
Escarabajo	Bọ Cánh Cứng
Gusano	Sâu
Hormiga	Kiến
Langosta	Cào Cào
Larva	Ấu Trùng
Mantis	Bọ Ngựa
Mariposa	Bướm
Mariquita	Ladybug
Mosquito	Muỗi
Polilla	Bướm Đêm
Pulga	Bọ Chét
Saltamontes	Châu Chấu
Termita	Mối

Instrumentos Musicales
Nhạc Cụ

Armónica	Harmonica
Arpa	Đàn Hạc
Banjo	Bass
Baquetas	Đùi
Clarinete	Clarinet
Fagot	Dàn Nhạc
Flauta	Sáo
Gong	Chiêng
Guitarra	Đàn ghi Ta
Mandolina	Mandolin
Marimba	Marimba
Pandereta	Lục Lạc
Percusión	Gõ
Piano	Dương Cầm
Saxofón	Saxophone
Tambor	Trống
Trombón	Trombone
Trompeta	Kèn
Violín	Đàn vi ô Lông
Violonchelo	Cello

Jardín
Khu Vườn

Arbusto	Bụi Cây
Árbol	Cây
Banco	Băng Ghế
Estanque	Ao
Flor	Hoa
Garaje	Ga-Ra
Hamaca	Võng
Hierba	Cỏ
Huerto	Thẻ
Jardín	Vườn
Malezas	Weeds
Manguera	Vòi
Pala	Xẻng
Porche	Hiên
Rastrillo	Cào
Rocas	Đá
Suelo	Đất
Terraza	Sân Thượng
Trampolín	Tấm Bạt
Valla	Hàng Rào

Juguetes
Đồ Chơi

Ajedrez	Cờ Vua
Arcilla	Đất Sét
Artesanía	Đồ thủ Công
Avión	Máy Bay
Barco	Thuyền
Bicicleta	Xe Đạp
Bola	Bóng
Camión	Xe Tải
Coche	Xe Hơi
Cometa	Diều
Favorito	Yêu Thích
Juegos	Trò Chơi
Libros	Sách
Muñeca	Búp Bê
Pinturas	Sơn
Robot	Robot
Rompecabezas	Câu Đố
Tambores	Trống
Tren	Xe Lửa

Libros
Sách

Autor	Tác Giả
Colección	Bộ sưu Tập
Contexto	Bối Cảnh
Dualidad	Kéo Dài
Escrito	Viết
Historia	Câu Chuyện
Histórico	Lịch Sử
Humorístico	Hài Hước
Inmersión	Ngâm
Inventivo	Sáng Tạo
Lector	Người Đọc
Literario	Văn Học
Novela	Tiểu Thuyết
Palabras	Từ
Página	Trang
Pertinente	Có Liên Quan
Poema	Bài Thơ
Poesía	Thơ
Serie	Loạt
Trágico	Bi Kịch

Literatura
Văn Học

Analogía	Tương Tự
Análisis	Phân Tích
Anécdota	Giai Thoại
Autor	Tác Giả
Biografía	Tiểu Sử
Comparación	So Sánh
Conclusión	Phần kết Luận
Descripción	Sự Miêu Tả
Diálogo	Hội Thoại
Estilo	Phong Cách
Ficción	Viễn Tưởng
Metáfora	Ẩn Dụ
Novela	Tiểu Thuyết
Opinión	Ý Kiến
Poema	Bài Thơ
Poético	Thơ
Rima	Vần
Ritmo	Nhịp
Tema	Chủ Đề
Tragedia	Bi Kịch

Mamíferos
Động vật có Vú

Ballena	Cá Voi
Burro	Donkey
Caballo	Ngựa
Camello	Lạc Đà
Canguro	Kangaroo
Cebra	Ngựa Vằn
Conejo	Thỏ
Coyote	Coyote
Delfín	Cá Heo
Elefante	Con Voi
Gato	Con Mèo
Gorila	Khỉ Đột
Jirafa	Hươu cao Cổ
Lobo	Chó Sói
Mono	Khỉ
Oso	Gấu
Oveja	Cừu
Perro	Chó
Toro	Bò Đực
Zorro	Cáo

Mascotas
Thú Cưng

Agua	Nước
Cabra	Dê
Cachorro	Chó Con
Cola	Đuôi
Collar	Cổ Áo
Comida	Thức Ăn
Conejo	Thỏ
Gatito	Mèo Con
Gato	Con Mèo
Hámster	Hamster
Lagarto	Con Thần Lằn
Loro	Con Vẹt
Perro	Chó
Pescado	Cá
Ratón	Chuột
Tortuga	Rùa
Vaca	Bò
Veterinario	Bác sĩ thú Y

Matemáticas
Toán Học

Aritmética	Số Học
Ángulos	Góc
Cuadrado	Quảng Trường
Decimal	Thập Phân
Diámetro	Đường Kính
Ecuación	Phương Trình
Esfera	Cầu
Exponente	Mũ
Fracción	Phân Số
Geometría	Hình Học
Números	Số
Paralelo	Song Song
Perímetro	Chu Vi
Perpendicular	Vuông Góc
Polígono	Đa Giác
Radio	Bán Kính
Rectángulo	Hình chữ Nhật
Simetría	Đối Xứng
Triángulo	Tam Giác
Volumen	Âm Lượng

Mediciones
Các Phép Đo

Altura	Chiều Cao
Ancho	Chiều Rộng
Byte	Byte
Centímetro	Centimet
Decimal	Thập Phân
Grado	Trình Độ
Gramo	Gram
Kilogramo	Kilôgam
Kilómetro	Kilômét
Litro	Lít
Longitud	Chiều Dài
Masa	Khối Lượng
Metro	Mét
Minuto	Phút
Onza	Ounce
Peso	Cân Nặng
Profundidad	Độ Sâu
Pulgada	Inch
Tonelada	Tấn
Volumen	Âm Lượng

Meditación
Thiền

Aceptación	Chấp Nhận
Atención	Chú Ý
Bondad	Lòng Tốt
Calma	Lặng
Claridad	Rõ Ràng
Compasión	Thương Hại
Emociones	Cảm Xúc
Gratitud	Lòng Biết Ơn
Mental	Tâm Thần
Mente	Lí Trí
Movimiento	Phong Trào
Música	Âm Nhạc
Naturaleza	Thiên Nhiên
Observación	Quan Sát
Paz	Hòa Bình
Pensamientos	Suy Nghĩ
Perspectiva	Quan Điểm
Postura	Tư Thế
Respiración	Thở
Silencio	Im Lặng

Mitología
Thần Thoại

Arquetipo	Nguyên Mẫu
Celos	Ghen
Cielo	Thiên Đường
Comportamiento	Hành Vi
Creación	Sáng Tạo
Creencias	Niềm Tin
Criatura	Sinh Vật
Cultura	Văn Hoá
Desastre	Thảm Họa
Fuerza	Sức Mạnh
Guerrero	Chiến Binh
Héroe	Anh Hùng
Inmortalidad	Sự bất Tử
Laberinto	Mê Cung
Leyenda	Truyền Thuyết
Monstruo	Quái Vật
Mortal	Có Chết
Rayo	Sét
Trueno	Sấm
Venganza	Trả Thù

Mueble
Đồ nội Thất

Alfombra	Thảm
Almohada	Cái Gối
Armario	Armoire
Banco	Băng Ghế
Cama	Giường
Cojines	Đệm
Colchón	Nệm
Cortinas	Rèm Cửa
Edredones	Chăn
Escritorio	Bàn
Espejo	Gương
Estantes	Kệ
Hamaca	Võng
Lámpara	Đèn
Silla	Ghế
Sillón	Ghế Bành
Sofá	Đi Văng

Naturaleza
Thiên Nhiên

Abejas	Ong
Animales	Động Vật
Ártico	Bắc Cực
Belleza	Vẻ Đẹp
Bosque	Rừng
Desierto	Sa Mạc
Dinámico	Năng Động
Erosión	Xói Mòn
Follaje	Lá
Glaciar	Sông Băng
Montañas	Núi
Niebla	Sương Mù
Nubes	Đám Mây
Pacífico	Hòa Bình
Río	Sông
Salvaje	Hoang Dã
Santuario	Thánh
Sereno	Serene
Tropical	Nhiệt Đới
Vital	Quan Trọng

Nutrición
Dinh Dưỡng

Amargo	Đắng
Apetito	Ngon
Calidad	Chất Lượng
Calorías	Calo
Carbohidratos	Carbohydrate
Cereales	Ngũ Cốc
Comestible	Ăn Được
Dieta	Ăn Kiêng
Digestión	Tiêu Hóa
Equilibrado	Cân Bằng
Fermentación	Lên Men
Hábitos	Thói Quen
Peso	Cân Nặng
Proteínas	Protein
Sabor	Hương Vị
Salsa	Nước Xốt
Salud	Sức Khỏe
Saludable	Khỏe Mạnh
Toxina	Độc Tố
Vitamina	Vitamin

Números
Con Số

Catorce	Mười Bốn
Cero	Số Không
Cinco	Năm
Cuatro	Bốn
Decimal	Thập Phân
Diecinueve	Mười Chín
Dieciocho	Mười Tám
Dieciséis	Mười Sáu
Diecisiete	Mười Bảy
Diez	Mười
Doce	Mười Hai
Dos	Hai
Nueve	Chín
Ocho	Tám
Quince	Mười Lăm
Seis	Sáu
Siete	Bảy
Trece	Mười Ba
Tres	Ba
Veinte	Hai Mươi

Océano
Đại Dương

Alga	Tảo
Anguila	Lươn
Arrecife	Trả Lại
Atún	Cá Ngừ
Ballena	Cá Voi
Barco	Thuyền
Camarón	Tôm
Cangrejo	Cua
Coral	San Hô
Delfín	Cá Heo
Esponja	Bọt Biển
Mareas	Thủy Triều
Medusa	Sứa
Ostra	Hàu
Pescado	Cá
Pulpo	Bạch Tuộc
Sal	Muối
Tiburón	Cá Mập
Tormenta	Bão Táp
Tortuga	Rùa

Paisajes
Phong Cảnh

Acantilado	Vách Đá
Cascada	Thác Nước
Cueva	Hang
Desierto	Sa Mạc
Estuario	Cửa Sông
Glaciar	Sông Băng
Golfo	Vịnh
Isla	Đảo
Lago	Hồ
Laguna	Đầm
Mar	Biển
Montaña	Núi
Oasis	Ốc Đảo
Pantano	Đầm Lầy
Península	Bán Đảo
Playa	Bãi Biển
Río	Sông
Tundra	Lãnh Nguyên
Valle	Thung Lũng
Volcán	Núi Lửa

Países #2
Quốc gia # 2

Albania	Albania
Australia	Vietnam
Austria	Áo
Dinamarca	Đan Mạch
Etiopía	Ethiopia
Francia	Pháp
Grecia	Hy Lạp
Indonesia	Indonesia
Irlanda	Ireland
Jamaica	Jamaica
Japón	Nhật Bản
Laos	Lào
México	Mexico
Pakistán	Pakistan
Portugal	Bồ đào Nha
Rusia	Nga
Siria	Syria
Sudán	Sudan
Ucrania	Ukraina
Uganda	Uganda

Pájaros
Chim

Avestruz	Đà Điểu
Águila	Đại Bàng
Cigüeña	Cò
Cisne	Thiên Nga
Cuco	Chim Cu
Cuervo	Con Quạ
Flamenco	Flamingo
Ganso	Ngỗng
Garza	Diệc
Gaviota	Mòng Biển
Gorrión	Chim Sẻ
Halcón	Diều Hâu
Huevo	Trứng
Loro	Con Vẹt
Paloma	Chim bồ Câu
Pato	Vịt
Pelícano	Bồ Nông
Pingüino	Chim Cánh Cụt
Pollo	Gà
Tucán	Toucan

Pesca
Đánh bắt Cá

Agua	Nước
Aletas	Vây
Barco	Thuyền
Branquias	Mang
Cable	Dây
Cebo	Mồi
Cesta	Cái Rổ
Cocinar	Nấu
Equipo	Thiết Bị
Exageración	Phóng Đại
Gancho	Móc
Lago	Hồ
Mandíbula	Hàm
Océano	Đại Dương
Paciencia	Kiên Nhẫn
Peso	Cân Nặng
Playa	Bãi Biển
Río	Sông
Temporada	Mùa

Piratas
Cướp Biển

Ancla	Neo
Bandera	Cờ
Brújula	La Bàn
Capitán	Thuyền Trưởng
Cicatriz	Sẹo
Cueva	Hang
Espada	Thanh Kiếm
Isla	Đảo
Leyenda	Truyền Thuyết
Loro	Con Vẹt
Malo	Xấu
Mapa	Bản Đồ
Mareas	Thủy Triều
Monedas	Đồng Xu
Oro	Vàng
Peligro	Nguy Hiểm
Playa	Bãi Biển
Ron	Rum
Tesoro	Kho Báu
Tripulación	Phi Hành Đoàn

Plantas
Cây

Arbusto	Bụi Cây
Árbol	Cây
Bambú	Tre
Baya	Quả Mọng
Bosque	Rừng
Botánica	Thực vật Học
Cactus	Xương Rồng
Fertilizante	Phân Bón
Flor	Hoa
Flora	Flora
Follaje	Lá
Frijol	Hạt Đậu
Hiedra	Ivy
Hierba	Cỏ
Jardín	Vườn
Musgo	Rêu
Pétalo	Cánh Hoa
Raíz	Nguồn Gốc
Sol	Mặt Trời
Vegetación	Thực Vật

Playa
Trên bãi Biển,

Arena	Cát
Arrecife	Trả Lại
Azul	Màu Xanh
Barco	Thuyền
Cangrejo	Cua
Costa	Bờ Biển
Isla	Đảo
Laguna	Đầm
Mar	Biển
Océano	Đại Dương
Paraguas	Ô
Sandalias	Dép
Sol	Mặt Trời
Toalla	Khăn
Vacaciones	Kỳ Nghỉ
Velero	Thuyền Buồm

Profesiones #1
Nghề Nghiệp số 1

Abogado	Luật Sư
Artista	Nghệ Sĩ
Atleta	Lực Sĩ
Bailarín	Vũ Công
Banquero	Ngân Hàng
Bombero	Lính cứu Hỏa
Cazador	Thợ Săn
Científico	Nhà Khoa Học
Doctor	Bác Sĩ
Editor	Biên tập Viên
Embajador	Đại Sứ
Enfermera	Y Tá
Fontanero	Plumber
Geólogo	Nhà địa Chất
Joyero	Jeweler
Marinero	Thủy Thủ
Músico	Nhạc Sĩ
Pianista	Nghệ sĩ Piano
Sastre	Thợ May
Veterinario	Bác sĩ thú Y

Profesiones #2
Nghề Nghiệp số 2

Agricultor	Nông Dân
Astronauta	Phi Hành Gia
Bibliotecario	Thủ Thư
Dentista	Nha Sĩ
Detective	Thám Tử
Editor	Nhà Xuất Bản
Filósofo	Triết Gia
Fotógrafo	Nhiếp ảnh Gia
Ilustrador	Họa
Ingeniero	Kỹ Sư
Lingüista	Nhà Ngôn Ngữ
Médico	Bác Sĩ
Periodista	Nhà Báo
Piloto	Phi Công
Pintor	Họa Sĩ
Político	Chính trị Gia
Profesor	Giáo Viên
Químico	Nhà hóa Học

Restaurante #1
Nhà Hàng # 1

Alergia	Dị Ứng
Café	Cà Phê
Camarera	Nữ Phục Vụ
Carne	Thịt
Cocina	Nhà Bếp
Comida	Thức Ăn
Cuchillo	Dao
Ingredientes	Thành Phần
Menú	Thực Đơn
Pan	Bánh Mì
Picante	Cay
Plato	Dĩa
Pollo	Gà
Reserva	Đặt Phòng
Salsa	Nước Xốt
Servilleta	Khăn Ăn
Tazón	Bát

Restaurante #2
Nhà Hàng số 2

Agua	Nước
Almuerzo	Bữa Trưa
Aperitivo	Món Khai Vị
Bebida	Đồ Uống
Camarero	Phục vụ Nam
Cena	Bữa Tối
Cuchara	Cái Thìa
Delicioso	Ngon
Ensalada	Salad
Especias	Gia Vị
Fruta	Trái Cây
Hielo	Băng
Huevos	Trứng
Pastel	Bánh
Pescado	Cá
Sal	Muối
Silla	Ghế
Sopa	Súp
Tenedor	Cái Nĩa
Verduras	Rau

Ropa
Quần Áo

Blusa	Áo Cánh
Bufanda	Khăn Quàng Cổ
Calcetines	Vớ
Camisa	Áo sơ Mi
Chaqueta	Áo Khoác
Cinturón	Thắt Lưng
Collar	Vòng Cổ
Delantal	Tạp Dề
Falda	Váy
Guantes	Găng Tay
Joyas	Trang Sức
Moda	Thời Trang
Pantalones	Quần
Pijama	Pajama
Pulsera	Vòng Tay
Sandalias	Dép
Sombrero	Mũ
Suéter	Áo Len
Vestido	Ăn
Zapato	Giày

Selva Tropical
Rừng mưa Nhiệt Đới

Botánico	Thực Vật
Clima	Khí Hậu
Comunidad	Cộng Đồng
Diversidad	Đa Dạng
Especie	Loài
Indígena	Bản Địa
Insectos	Côn Trùng
Musgo	Rêu
Naturaleza	Thiên Nhiên
Nubes	Đám Mây
Pájaros	Chim
Preservación	Sự bảo Tồn
Refugio	Refuge
Respeto	Sự tôn Trọng
Restauración	Phục Hồi
Selva	Rừng
Supervivencia	Sự Sống Còn
Valioso	Quý

Senderismo
Đi bộ Đường Dài

Acantilado	Vách Đá
Agua	Nước
Animales	Động Vật
Botas	Giày Ống
Camping	Cắm Trại
Cansado	Mệt
Clima	Khí Hậu
Guías	Hướng Dẫn
Mapa	Bản Đồ
Montaña	Núi
Mosquitos	Muỗi
Naturaleza	Thiên Nhiên
Orientación	Sự Định Hướng
Parques	Công Viên
Pesado	Nặng
Piedras	Đá
Preparación	Chuẩn Bị
Salvaje	Hoang Dã
Sol	Mặt Trời

Suministros de Arte
Đồ Dùng Nghệ Thuật

Aceite	Dầu
Acrílico	Acrylic
Acuarelas	Màu Nước
Agua	Nước
Arcilla	Đất Sét
Borrador	Tẩy
Caballete	Easel
Cámara	Máy Ảnh
Cepillos	Bàn Chải
Colores	Màu Sắc
Creatividad	Sáng Tạo
Ideas	Ý Tưởng
Lápices	Bút Chì
Mesa	Bàn
Papel	Giấy
Pasteles	Pastels
Pegamento	Keo
Pinturas	Sơn
Silla	Ghế
Tinta	Mực

Surf
Lướt Sóng

Arrecife	Trả Lại
Atleta	Lực Sĩ
Campeón	Quán Quân
Clima	Thời Tiết
Diversión	Vui Vẻ
Espuma	Bọt
Estilo	Phong Cách
Estómago	Bụng
Extremo	Cực
Fuerza	Sức Mạnh
Multitudes	Đám Đông
Océano	Đại Dương
Ola	Sóng
Playa	Bãi Biển
Popular	Phổ Biến
Principiante	Người bắt Đầu
Remo	Chèo
Rociar	Phun
Velocidad	Tốc Độ

Tecnología
Công Nghệ

Archivo	Tập Tin
Blog	Blog
Bytes	Nội
Cámara	Máy Ảnh
Cursor	Con Trỏ
Datos	Dữ Liệu
Digital	Kỹ Thuật Số
Estadísticas	Thống Kê
Fuente	Chữ
Internet	Internet
Investigación	Nghiên Cứu
Mensaje	Thông Điệp
Navegador	Trình Duyệt
Ordenador	Máy Tính
Pantalla	Màn
Seguridad	An Ninh
Software	Phần Mềm
Virtual	Ảo
Virus	Vi Rút

Tiempo
Thời Gian

Ahora	Bây Giờ
Antes	Trước
Anual	Hàng Năm
Año	Năm
Ayer	Hôm Qua
Calendario	Lịch
Década	Thập Kỷ
Día	Ngày
Futuro	Tương Lai
Hora	Giờ
Hoy	Hôm Nay
Mañana	Buổi Sáng
Mediodía	Buổi Trưa
Mes	Tháng
Minuto	Phút
Momento	Chốc Lát
Noche	Đêm
Reloj	Đồng Hồ
Semana	Tuần
Siglo	Thế Kỷ

Tipos de Cabello
Các Loại Tóc

Blanco	Trắng
Brillante	Sáng Bóng
Calvo	Hói
Coloreado	Màu
Corto	Ngắn
Delgada	Mỏng
Gris	Màu Xám
Grueso	Dày
Largo	Dài
Marrón	Màu Nâu
Negro	Đen
Plata	Bạc
Rizado	Xoăn
Rizos	Curls
Rubio	Tóc Vàng
Saludable	Khỏe Mạnh
Seco	Khô
Suave	Mềm
Trenzado	Bện
Trenzas	Braids

Vacaciones #2
Kỳ Nghỉ số 2

Aeropuerto	Sân Bay
Camping	Cắm Trại
Carpa	Lều
Destino	Điểm Đến
Extranjero	Ngoại Quốc
Fotos	Ảnh
Hotel	Khách Sạn
Isla	Đảo
Mapa	Bản Đồ
Mar	Biển
Montañas	Núi
Ocio	Giải Trí
Pasaporte	Hộ Chiếu
Playa	Bãi Biển
Taxi	Xe tắc Xi
Transporte	Vận Chuyển
Tren	Xe Lửa
Vacaciones	Ngày Lễ
Viaje	Hành Trình
Visa	Thị Thực

Vehículos
Xe Cộ

Ambulancia	Xe cứu Thương
Autobús	Xe Buýt
Avión	Máy Bay
Balsa	Bè
Barco	Thuyền
Bicicleta	Xe Đạp
Camión	Xe Tải
Caravana	Caravan
Coche	Xe Hơi
Cohete	Tên Lửa
Ferry	Phà
Furgoneta	Van
Metro	Xe Điện Ngầm
Motor	Động Cơ
Neumáticos	Lốp
Scooter	Xe tay Ga
Submarino	Tàu Ngầm
Taxi	Xe tắc Xi
Tractor	Máy Kéo
Tren	Xe Lửa

Verano
Mùa Hè

Alegría	Niềm Vui
Amigos	Bạn Bè
Buceo	Lặn
Camping	Cắm Trại
Comida	Thức Ăn
Estrellas	Sao
Familia	Gia Đình
Hogar	Nhà
Jardín	Vườn
Juegos	Trò Chơi
Libros	Sách
Mar	Biển
Música	Âm Nhạc
Ocio	Giải Trí
Playa	Bãi Biển
Relajación	Thư Giãn
Sandalias	Dép
Vacaciones	Kỳ Nghỉ
Viaje	Du Lịch

Verduras
Rau Củ

Ajo	Tỏi
Alcachofa	Atisô
Apio	Cần Tây
Berenjena	Cà Tím
Brócoli	Bông cải Xanh
Calabaza	Quả bí Ngô
Cebolla	Hành
Chalote	Củ Hẹ
Ensalada	Salad
Espinacas	Rau Bina
Guisante	Đậu
Jengibre	Gừng
Nabo	Củ Cải
Oliva	Ô Liu
Patata	Khoai Tây
Pepino	Dưa Chuột
Perejil	Mùi Tây
Seta	Nấm
Tomate	Cà Chua
Zanahoria	Cà Rốt

Virtudes #1
Đức Hạnh số 1

Apasionado	Đam Mê
Artístico	Nghệ Thuật
Bien	Tốt
Curioso	Tò Mò
Decisivo	Quyết Định
Eficiente	Hiệu Quả
Encantador	Quyến Rũ
Fiable	Đáng tin Cậy
Generoso	Rộng Lượng
Gracioso	Buồn Cười
Imaginativo	Tưởng Tượng
Independiente	Độc Lập
Inteligente	Thông Minh
Limpio	Dọn Dẹp
Modesto	Khiêm Tốn
Paciente	Kiên Nhẫn
Práctico	Thực Tế
Sabio	Khôn Ngoan
Útil	Hữu Ích

Enhorabuena

Lo has conseguido!

Esperamos que hayas disfrutado de este libro tanto como nosotros al diseñarlo. Nos esforzamos por crear libros de la máxima calidad posible.
Esta edición está diseñada para proporcionar un aprendizaje inteligente, de calidad y divertido!

¿Te ha gustado este libro?

Una Petición Sencilla

Estos libros existen gracias a las reseñas que se publican.
¿Podrías ayudarnos dejando una reseña ahora?
Aquí tienes un breve enlace a la página de reseñas

BestBooksActivity.com/Opiniones50

¡DESAFÍO FINAL!

Reto n°1

¿Estás listo para tu juego gratis? Los utilizamos siempre, pero no son tan fáciles de encontrar. ¡Aquí están los **Sinónimos!**
Escribe 5 palabras que hayas encontrado en los rompecabezas (#21, #36, #76) y trata de encontrar 2 sinónimos para cada palabra.

Escriba 5 palabras del **Puzzle 21**

Palabras	Sinónimo 1	Sinónimo 2

Escriba 5 palabras del **Puzzle 36**

Palabras	Sinónimo 1	Sinónimo 2

Escriba 5 palabras del **Puzzle 76**

Palabras	Sinónimo 1	Sinónimo 2

Reto n°2

Ahora que te has calentado, escribe 5 palabras que hayas encontrado en los Puzzles 9, 17 y 25 e intenta encontrar 2 antónimos para cada palabra. ¿Cuántos puedes encontrar en 20 minutos?

*Escriba 5 palabras del **Puzzle 9***

Palabras	Antónimo 1	Antónimo 2

*Escriba 5 palabras del **Puzzle 17***

Palabras	Antónimo 1	Antónimo 2

*Escriba 5 palabras del **Puzzle 25***

Palabras	Antónimo 1	Antónimo 2

Reto n°3

¡Genial! Este desafío final no es nada para ti.

¿Preparado para el reto final? Elige 10 palabras que hayas descubierto en los diferentes rompecabezas y escríbelas a continuación.

1.	6.
2.	7.
3.	8.
4.	9.
5.	10.

Ahora escribe un texto pensando en una persona, un animal o un lugar que te guste.

Puedes usar la última página de este libro como borrador.

Tu Composición:

CUADERNO DE NOTAS :

HASTA PRONTO !

Todo el Equipo

DESCUBRA JUEGOS GRATIS

GO

↓

BESTACTIVITYBOOKS.COM/FREEGAMES